France
Oloron-Sainte-Marie
Espagne

Le béret basque
Laulhère, fabricant historique

Livre écrit par Jean-Pascal Chabaud
avec l'implication de l'entreprise Laulhère.

Éditions Cairn
29 rue Carrérot - 64000 PAU
editions-cairn@wanadoo.fr
www.editions-cairn.fr

Nota : Pour des raisons pratiques, la ville d'Oloron-Sainte-Marie sera désignée dans cet ouvrage tantôt par Oloron-Sainte-Marie, tantôt par Oloron, bien que, dans l'Histoire, les villes d'Oloron et de Sainte-Marie ont été distinctes, parfois rivales, et réunies seulement en juin 1858.

1ère édition - Juillet 2015

Sommaire

Préface.	p 7
Laulhère, entrelacement de plusieurs histoires.	p 8 - 9
Le béret, élan et liberté.	p 10 - 13
L'épopée de la maison Laulhère.	p 16 - 17
Le béret, croisement de mailles, croisement de savoir-faire.	p 18 - 21
Oloron, grand site de passages pyrénéens.	p 24 - 25
Le Somport, un col bien fréquenté.	p 26 - 27
Le temps de la confection pastorale.	p 28 - 31
Liens privilégiés entre Oloron et l'Aragon.	p 34 - 37
Place du négoce de la laine mérinos à Oloron.	p 38 - 41
Laulhère, plus de 200 ans de passion.	p 42 - 45
Mouvement et aventure dans l'ADN du béret.	p 48 - 49
Le béret met la voile.	p 50 - 51
Le Béarn, terre de liberté et d'indépendance.	p 52 - 55
Des bergeries aux champs de bataille.	p 56 - 57
La notion de fabrique oloronaise.	p 58 - 59
Laulhère, entre tradition et innovation.	p 62 - 63
Anecdotes autour des métiers à tricoter.	p 64 - 65
Le béret, symbole universel d'une manière d'être.	p 66 - 67
Le béret, figure emblématique du non-conformisme.	p 68 - 71
Les termes du métier.	p 72 - 73
L'envolée du béret et des fabriques.	p 76 - 77
Oloron-Sainte-Marie, capitale du béret basque.	p 78 - 79
Vision d'artistes autour du béret.	p 80 - 83
Laulhère : images insolites.	p 84 - 85
Le béret fait la une.	p 88 - 89
Je porte un béret Laulhère.	p 90 - 91
Le béret, un produit noble.	p 92 - 93
Variations autour du béret.	p 96 - 97
Le béret n'a pas fini de nous étonner.	p 98 - 99
Laulhère, entreprise du patrimoine vivant.	p 100 - 101

Les Pyrénées, écrin exceptionnel

Oloron, capitale du béret

La laine fine mérinos

L'eau, abondante et limpide

Oloron-Sainte-Marie, une histoire du béret pleine de mouvements

Préface

En juin 2014, Laulhère s'est lancé dans un travail d'histoire et de mémoire sur ses origines.
Deux raisons principales ont poussé notre entreprise dans cette direction.
D'abord le fait que nous soyons aujourd'hui le dernier fabricant historique de bérets français.
Certes, de petits ateliers ont été créés récemment dans le Béarn et quelques autres réalisent les dernières étapes de finition après avoir acheté un béret brut. Nous ne sommes donc pas le dernier fabricant français et il faut s'en réjouir.
En revanche, nous sommes les seuls à nous inscrire **dans une histoire plusieurs fois centenaire**, celle des fabriques textiles d'Oloron-Sainte-Marie, capitale du béret basque.
Être dépositaire de ce passé représente pour nous à la fois un honneur et une responsabilité, et à ce titre nous voulions mieux cerner, mieux appréhender les contours et les caractéristiques de ces fabriques de bérets.
La deuxième raison est qu'au moment où nous rebâtissons notre approche et notre stratégie, il nous a semblé indispensable de **scruter plus finement** notre propre passé et celui du béret basque.
Car savoir avec clarté d'où l'on vient permet de mieux définir où l'on doit aller.
Connaître et savoir lire son histoire permet de mieux définir son devenir.
Les éléments étaient épars, disséminés, et nous avons pris le temps de la collecte, de l'analyse et de la synthèse. Il s'agissait de sortir des sentiers battus, des anecdotes un peu émoussées et des propos un peu compassés : nous voulions poser sur le béret un **regard neuf et curieux**, comme des parents portent un regard attentif sur un rejeton un peu turbulent.
Ce travail a été mené avec nos lunettes d'entrepreneurs. Non que l'historien, le géographe, le sociologue n'apportent un éclairage intéressant sur le béret, mais parce que nous voulions adopter le point de vue de l'entreprise en n'oubliant pas que ce sont de vrais entrepreneurs qui sont à l'origine de l'épopée du béret basque.
Et sous cet angle, l'histoire du béret, celle de l'industrie textile d'Oloron-Sainte-Marie, celle des fabriques oloronaises auxquelles appartient Laulhère nous sont apparues comme une **véritable aventure**, avec tout ce que cela comporte en termes de mouvement, de remous, d'audace, d'échecs, de rebonds, de réussites.
De cet entrelacement d'histoires émerge un message fort : non, le béret n'est pas le vestige d'une époque révolue et il continuera à rebondir et à nous étonner comme il l'a toujours fait.
C'est ce bel élan, cette belle énergie que contient le béret basque que nous avons voulu vous faire partager dans cet ouvrage.
Je vous souhaite une bonne promenade au fil de cette fresque tout en couleur.
Cordialement.

Rosabelle Forzy
PDG de Laulhère

Dépositaire, héritier et gardien

*Laulhère, **dépositaire** d'un riche passé qui nous renvoie aux bergeries des premiers temps et aux transhumances.*

*Laulhère, **héritier** de gestes, de techniques et de savoirs qui se sont transmis de génération en génération.*

*Laulhère, **gardien** d'un couvre-chef emblématique qui sait coiffer aussi bien les paysans, les stars que les militaires.*

C'est cet entrelacement qui donne sa force à la dernière fabrique historique de bérets basques.

Laulhère, entrelacement de plusieurs histoires

Laulhère s'inscrit dans la lignée des fabricants historiques de bérets basques.
Pour ceux qui s'attachent au sens des mots et à l'authenticité des appellations, cette notion de « fabricant historique » a toute son importance.
Elle signifie que nous faisons partie des plus anciennes fabriques de bérets sur le sol français, que notre fabrication n'a jamais été interrompue et qu'ainsi nous avons pu rester au plus près de **gestes ancestraux**.
Ces gestes ont assuré aux bérets d'Oloron-Sainte-Marie une réputation d'excellence et nous sommes fiers de perpétuer une tradition artisanale vieille de plusieurs siècles.
En prolongeant l'histoire des fabriques textiles d'Oloron-Sainte-Marie, il nous incombe une responsabilité : celle de maintenir un savoir-faire français et de réussir à le mettre en valeur. Et, à ce titre, nous devons dissiper certaines confusions qui, ici et là, sont entretenues.
Non, un atelier de fabrication n'est pas tout à fait une fabrique et une fabrique comme la nôtre n'est pas vraiment une usine.
Laulhère démarre son aventure en 1792 et s'inscrit dans une **épopée textile** : celle qu'a connue Oloron-Sainte-Marie, ville qui pour des raisons géographiques, historiques, culturelles va devenir un centre textile béarnais de première importance et la capitale incontestée du béret basque.
Cette épopée est celle des passages millénaires par le col du Somport, celle des liens ancestraux avec l'Aragon, celle du négoce de la laine mérinos, celle des savoir-faire qui se transmettent et que l'on retrouve au cœur de nos procédés de fabrication.
Cette épopée est aussi celle du Béarn qui, dans son histoire, aura à cœur de défendre farouchement sa souveraineté et son indépendance, ce qui va insuffler aux fabriques oloronaises une marque bien particulière et au béret fabriqué à Oloron une touche bien spécifique.
Cette épopée est également celle des rebondissements du marché textile au cours des siècles, des découvertes techniques venant offrir de nouvelles perspectives, des crises politiques venant fermer des marchés acquis, des événements inattendus obligeant Oloron à toujours s'adapter.
Enfin cette épopée est celle du béret car, s'il y a un couvre-chef emblématique qui sait nous étonner, qui sait rebondir sans jamais se laisser enfermer, c'est bien celui-là.
Au final, Laulhère se retrouve **dépositaire**, mais aussi **héritier** et **gardien**.
Dépositaire direct d'une histoire puisant ses racines au plus profond des particularités locales.
Héritier de gestes et de savoir-faire qui se sont transmis au fil des générations et qui garantissent à la fabrication du béret le respect des traditions, de l'authenticité et la recherche de l'excellence.
Gardien enfin de l'emblème qu'est devenu le béret basque avec la mission de préserver la force de son message sans toutefois en devenir propriétaire, car le béret doit rester libre.
Histoire locale, histoire d'Oloron, histoire du béret, histoire de Laulhère : quatre mailles, quatre histoires intimement entrelacées que nous voulons évoquer car de cet entrelacement naît toute la solidité et l'originalité de notre marque.

Profondément ancré
dans l'ADN du béret basque,
l'élan et la liberté
en font un symbole qui ne vieillit pas.

Le béret, élan et liberté

Faut-il mentionner que s'enraciner dans l'histoire ne signifie en rien être immobile ?
Car Laulhère, comme en témoigne son label EPV, revendique le fait d'être une entreprise du **patrimoine vivant** et non du patrimoine figé.
Et si le béret plonge ses racines loin dans le passé, pour autant il a toujours signifié **élan et liberté.**

Car l'ADN du béret basque contient profondément en lui dynamisme et mouvement.
C'est ainsi que notre béret, parti des bergeries d'altitude, descend rapidement vers les villages, se propage dans les vallées béarnaises, fait son chemin dans les provinces avoisinantes, se répand en France, gagne l'Espagne, s'étend sur le continent.

Propagation et expansion.

Il prend aussi le large, s'embarque sur les paquebots, traverse les océans, gagne l'Amérique du Sud, la Californie, les Montagnes Rocheuses.

Aventure et voyage.

On le croise, bouillant et fougueux, sur les terrains de tennis ou de rugby, ceux de pelote basque, dans les arènes de corrida ou de courses landaises.

Énergie et fougue.

Il va coiffer les civils et les militaires, les paysans et les artistes, les ouvriers et les stars, les traditionnels et les contestataires.

Diversité et indépendance.

On le voit : le béret contient en lui une belle énergie et veut échapper à tout enfermement.
Impossible de le ranger dans une catégorie : rural par excellence pour certains, icône de la mode pour d'autres, figure de la tradition ou au contraire signe de contestation, preuve de sagesse ou emblème de provocation, objet identitaire ou symbole universel, le béret est tout cela à la fois et veut irrésistiblement échapper aux classifications étroites.
C'est ainsi : le béret se joue des frontières. D'ailleurs, n'est-il pas appelé « basque » alors que l'histoire nous montre qu'il sera fabriqué essentiellement en Béarn ?
Et certainement le béret rit de ces chamailleries identitaires car il veut coiffer bien plus loin que le Basque et que le Béarnais.
Mais reconnaissons déjà que les basques en seront les meilleurs ambassadeurs, l'adoptant très tôt dans leurs usages et coutumes et participant à le faire connaître partout où ils se déplacent ou émigrent.

Faire honneur au béret basque, c'est savoir respecter et mettre en avant la part d'héritage et d'histoire à laquelle il renvoie.
Mais c'est aussi respecter cet **élan** et cette **liberté** qu'il a toujours su incarner et qui font de lui un symbole qui ne vieillit pas.
Tradition et savoir-faire, dynamisme et mouvement.
S'aider de racines solides qui puisent dans un riche passé pour se tourner vers l'avenir.
C'est le message original et inusable que nous délivre le béret basque, un message vigoureux faisant qu'un objet simple, au départ utilitaire et régional, ait réussi à devenir ce **véritable symbole universel**.

Propagation, expansion

Aventure, voyage

Énergie, fougue

Diversité, indépendance

Toute l'histoire du béret
nous montre que ce couvre-chef,
toujours en mouvement,
refuse l'enfermement.

Cousu
sur la coiffe intérieure,
l'écusson qui,
sur le mode
héraldique,
renvoie à une histoire
faite d'aventure et
d'audace.

LAULHÈRE

LE BÉRET FRANÇAIS DEPUIS 1840

ÉTABLISSEMENTS MODESTE LAULHÈRE

Spécialité de Tissus en grande et petite largeur
POUR ESPADRILLES

MANUFACTURE DE BÉRETS
TISSAGE DE TOILES - SANGLES ET SURFAIX

CEINTURE LAINE ET COTON
TEINTURERIE

Laulhère, une passion du béret qui se transmet.

1792-1838 : Maison Laulhère.
1838-1876 : Établissements Lucien Laulhère.
1876-1885 : Établissements Lucien Laulhère et Fils.
1885-1920 : Établissements Laulhère Frères.
1920-1934 : Établissements Modeste Laulhère.
1934-1990 : Établissements Laulhère.
1990-2012 : société Beatex.
Depuis Juillet 2012 (reprise par le groupe Cargo) : société Laulhère.

LAULHÈRE (JOACHIM), né à Oloron le 6 juin 1849.
Industriel à Oloron, associé de la maison Laulhère frères pour l'exploitation de la maison fondée en 1830, par M. Lucien Laulhère.
Juge au Tribunal de commerce d'Oloron-Sainte-Marie depuis 1880.
Adjoint au maire.
Ancien membre de la Chambre consultative des arts et manufactures.
Membre fondateur de la Société de Vétérans.
Rue de l'Abattoir, à Oloron.

Beatex®
Bérets laine • Chapeaux angora

Laulhère

Z. BEIGHAU

3me ANNÉE — N° 63 — DIMANCHE 6 AOUT 1876

ARCHIVES COMMERCIALES DE LA FRANCE

Journal bi-hebdomadaire, paraissant le Jeudi et le Dimanche

Oloron-Ste-Marie. — *Formation* de la Société en nom collectif Lucien LAULHÈRE et fils (*fab. de ceintures de toiles, canevas pour sandales et marègues*). — Durée : 10 ans. — Cap. 45,000 fr. — Acte du 10 juillet 1876.

L'épopée de la Maison Laulhère depuis 1792

1792 Création de la Maison Laulhère à Oloron-Sainte-Marie par **Pierre Laulhère**, négociant en laine qui se lance dans la fabrication de bas en laine. Les bas tricotés en laine fine espagnole seront une des spécialités d'Oloron-Sainte-Marie au XVIIIe siècle.

1797 Mariage de Pierre Laulhère avec Marie Lafon.

1812 Naissance de **Lucien Laulhère**.

1838 Lucien Laulhère succède à son père à la tête de la Maison Laulhère. À cette date, La Maison Laulhère est présente sur les articles tricotés (bas en laine) mais aussi sur le tissage avec les ceintures de Béarn, les cordeillats, les jupes de Béarn. La petite fabrique est installée rue Maisons-Neuves à Oloron. La réputation des articles d'Oloron dépasse les frontières du Béarn et les produits s'exportent à l'étranger.

1840 Suite au mariage de Lucien Laulhère avec **Marie Tournaben** en 1839, la Maison Laulhère se lance dans la fabrication du béret. Elle bénéficie du savoir-faire de la Maison Tournaben qui fabrique des bérets depuis 1810. Pierre Tournaben enseigne à son gendre Lucien Laulhère l'art du béret.

1849 Naissance de **Pierre-Joachim Laulhère**.

1857 Naissance d'**Adrien-Modeste Laulhère**.

1876 Création des Établissements « Lucien Laulhère et Fils » marquant la diversification des Laulhère vers la toile et l'empeigne pour espadrille. À cette date, les deux spécialités de la Maison Laulhère sont le béret pour ce qui relève des articles tricotés (sous l'égide des Établissements Lucien Laulhère) et la toile pour espadrille concernant les articles tissés (sous l'égide des Établissements Lucien Laulhère et Fils).

1882 Décès de Lucien Laulhère et regroupement des activités de tricotage et de tissage.

1885 Création des Établissements Laulhère Frères.

1887 Mariage d'Adrien-Modeste Laulhère avec **Marie-Magdeleine Etcheverry**.

1890 Naissance de **Pierre Laulhère**.

1890/92 Installation de la fabrique sur le site actuel de Laulhère. Ce site situé au bord du gave d'Oloron correspond à l'ancien moulin Cassaber.

1920 Suite au décès de Joachim Laulhère, les Établissements « Laulhère Frères » deviennent les Établissements « Modeste Laulhère ». Les fabriques les plus importantes sont Barraban et Laulhère.

1930 Décès de Modeste Laulhère. Son fils Pierre Laulhère prend la présidence de l'entreprise familiale et confie la Direction Générale à Roger Chevalier.

1949 Arrivée dans l'entreprise de **Jean-Vianney de Boisséson**, marié avec **Simone Laulhère**, fille de Pierre Laulhère.

1949/52 Rénovation de l'atelier de tissage et conception interne de nouveaux métiers à tisser.

1952 Démarrage du nouvel atelier de tissage de toiles.

1956/60 Rénovation de l'atelier de tricotage de bérets et remplacement progressif des anciens métiers Lebocey.

1970 Décès de Pierre Laulhère. Sa femme prend la présidence des Établissements Laulhère.
JV de Boisséson devient Directeur Général.

1975/83 Conception, développement et mise au point des nouvelles machines à bérets.

1985 Au décès de Mme Laulhère, JV de Boisséson prend la présidence des Établissements Laulhère.

1990 Rachat de Laulhère par Béarn Textile (Beatex).

2012 Rachat de Beatex par le groupe toulousain Cargo. L'entreprise reprend le nom de Laulhère. Laulhère demeure le dernier fabricant historique de bérets avec la volonté de porter haut les couleurs du béret français.

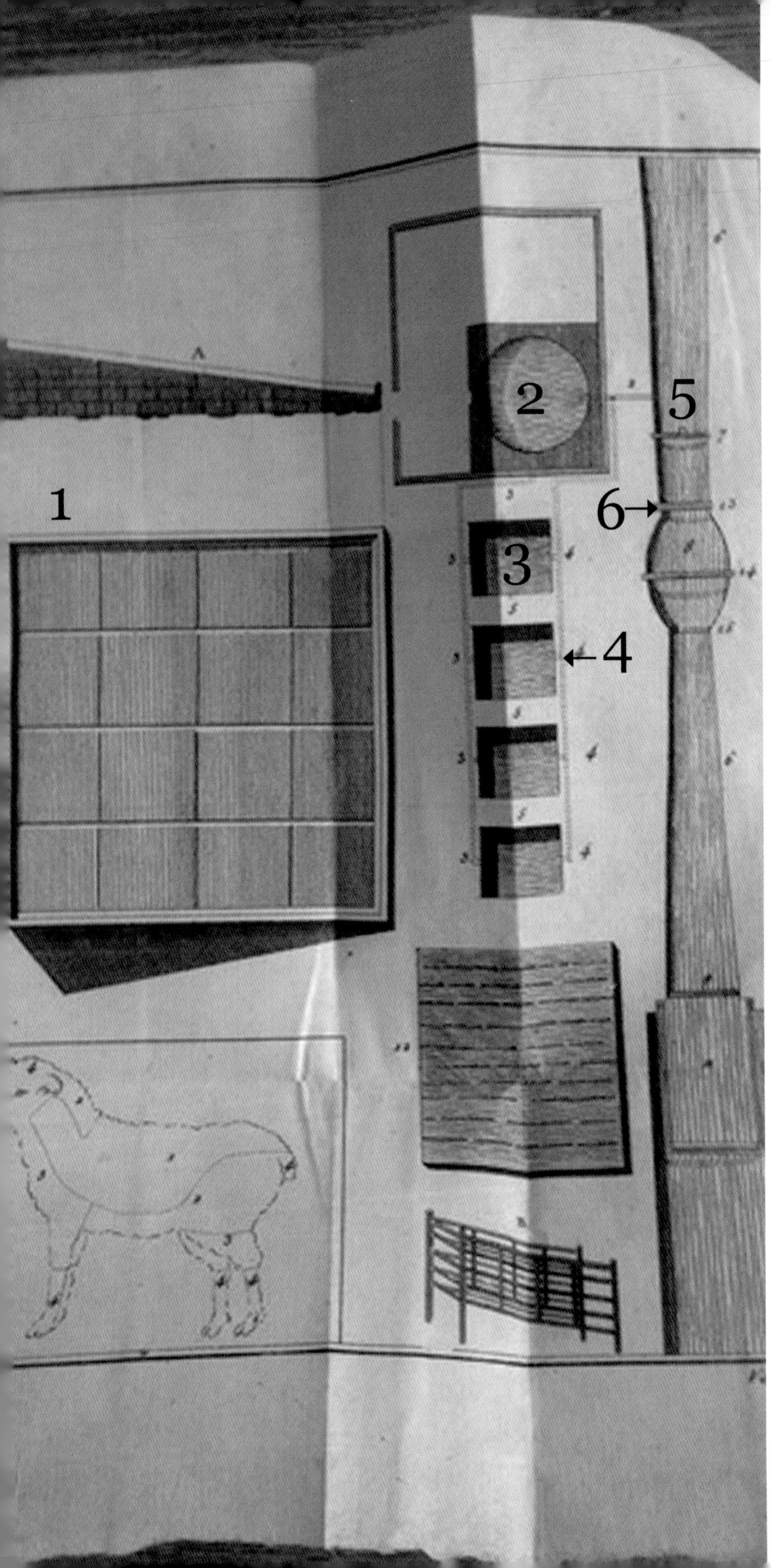

Art du lavage des laines pratiqué en Espagne.

La laine de mouton pouvait être vendue « surge » c'est-à-dire non lavée ou bien débarrassée de son suint et de ses impuretés ce qui nécessitait une étape de lavage. Ce lavage se pratiquait traditionnellement « à dos » du côté français : il s'effectuait à la main sur l'animal placé directement dans l'eau courante. Technique laborieuse et pas toujours efficace.
Mais du fait du gigantisme des troupeaux espagnols, il s'était développé en Espagne une technique de lavage beaucoup plus élaborée : les « lavadéros ».
L'eau était chauffée dans des chaudières et la température pouvait être réglée en passant dans des puits. L'écoulement de l'eau sur des pans inclinés permettait un traitement efficace et à grande échelle des toisons qui y étaient déposées. Elles étaient de cette manière débarrassées de leurs impuretés et de leur suint, dissout avec la chaleur de l'eau.
Ce sont ces lavoirs sur le modèle espagnol qui vont être construits à Oloron dès le XVe siècle, la ville ayant la chance de disposer d'une eau abondante et de qualité.

Lavoir sur le modèle espagnol (lavero)

1. Plan incliné
2. Chaudière
3. Puits
4. Conduit venant du ruisseau
5. Canal en maçonnerie
6. Ecluse

Le béret, croisement de mailles, croisement de savoir-faire

À l'origine du béret, la notion de croisement.
Croisement des mailles du tricot, bien sûr, car le béret n'est pas tissé mais tricoté avec de la laine.
Mais aussi croisement de savoir-faire car Oloron, très tôt dans son histoire, est un lieu de passage de populations. Et grâce à ces passages, anciens, répétés, s'étendant sur la durée, ont lieu des transmissions de gestes et de savoirs que l'on retrouve, encore aujourd'hui, au cœur de nos méthodes de fabrication.
C'est ainsi que l'**art du tricot** – qui confère au béret des propriétés uniques – est hérité des Sarrasins, qui franchissent les Pyrénées au début du VIIIe siècle avant d'être repoussés par Charles Martel en 732.
L'**art du foulonnage**, qui permet d'assouplir les étoffes tout en renforçant la cohésion des mailles, est transmis par les artisans venus du nord de la France au XVIe siècle.
L'**art des teintes et des couleurs**, science demandant beaucoup d'expérience, est enseigné aux fabricants d'Oloron par des spécialistes venus également du Nord.
Quant à la proximité avec l'Aragon, elle va être à l'origine de deux compétences particulières qui vont être importées à Oloron-Sainte-Marie et qui vont jouer un rôle majeur dans le développement des fabriques textiles : l'**expertise dans le choix des laines fines**, apprise des Espagnols, et l'**art du lavage** de la laine dont l'Espagne s'est fait une spécialité.
Il s'avère que si Oloron s'est imposée dans l'Histoire comme grand centre textile béarnais et au XIXe siècle comme capitale du béret, cela doit beaucoup à sa position géographique privilégiée, qui en fait un axe de circulation et un réceptacle de savoirs diversifiés.
Croisement de mailles, croisement de savoir-faire : c'est toute l'originalité du béret fait à Oloron-Sainte-Marie de puiser ses racines dans une très longue tradition d'échanges.

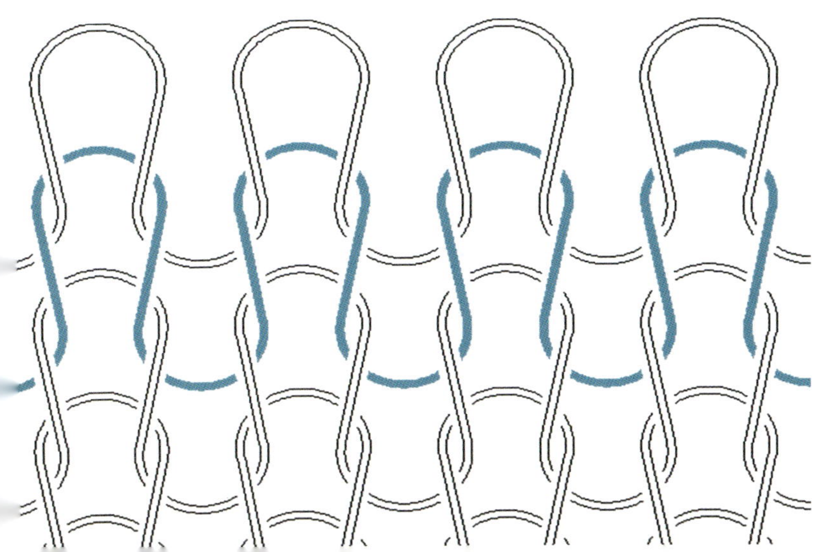

Différence entre tissu et tricot

Dans un tissu, il existe un fil de chaîne (horizontal) et un fil de trame (vertical) qui s'entrecroisent perpendiculairement, dans un même plan, pour former une armure qui reste relativement rigide.
Dans un tricot, il existe un entrelacement de mailles passées l'une dans l'autre.
Cet entrelacement de boucles confère à l'ensemble une certaine élasticité lui permettant de s'adapter aux formes du corps.
C'est ainsi que les vêtements en tricot se développent à partir de 1350 environ avec la mode « près du corps » qui va se propager sur toute l'Europe.

Structure d'un jersey, point de tricot usuel

Le fil bleu faisant des méandres (mailles) définit un rang, le chemin du fil en travers du tricot. Les mailles blanches tout en haut ne sont pas bloquées, et sont donc actives, mais elles bloquent les mailles bleues qui y sont accrochées. À leur tour les mailles bleues bloquent les mailles blanches juste en dessous d'elles, qui à leur tour bloquent celles du rang du dessous. Dans la confection d'un béret, c'est l'opération dite de remaillage qui va permettre de bloquer la dernière rangée de mailles.

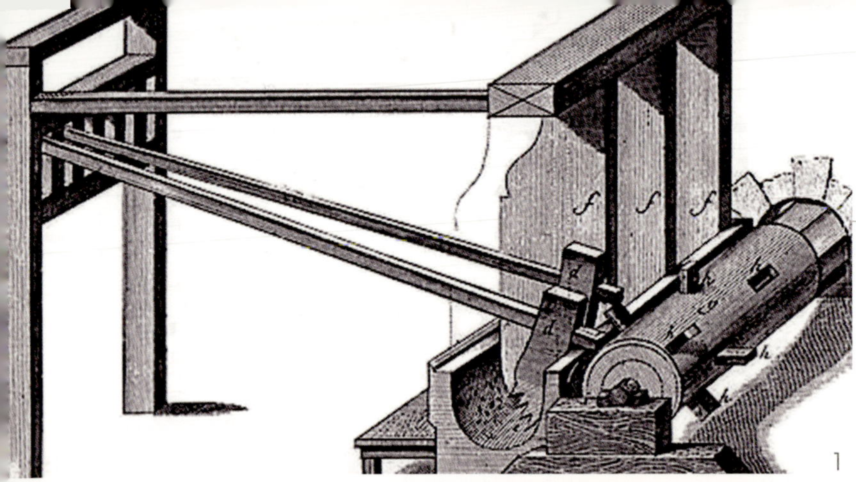

1

2

3

1. Art du foulonnage

Le moulin à foulon est équipé d'un arbre à cames entraînant des maillets en bois.
Les étoffes à fouler sont placées dans des cuves, les « piles », avec de l'eau chaude et de l'argile. L'art du foulonnage consiste à conduire l'opération pour resserrer les fibres de l'étoffe et lui donner de l'épaisseur et du moelleux.

2. Art des couleurs

La laine ne peut se teindre à froid et l'art de la teinte va consister à chauffer progressivement le bain de teinture pour éviter le feutrage de la laine. Savoir fixer les teintes, extraire et préparer les poudres ou les pigments, faire des mélanges compatibles, anticiper l'effet de la chaleur font partie des règles du métier.

3. Art du lavage des laines

A Oloron, des lavoirs le long des gaves pour le traitement de la laine, traitement demandant une eau abondante et limpide.

Le béret, croisement de mailles, croisement de savoir-faire

Art de la tonte et de la sélection des laines.

L'estimation de la maturité de la laine joue un rôle essentiel pour obtenir une laine de qualité.

La tonte doit en effet se faire au moment de la parfaite croissance des fibres, ni trop courtes ni trop longues.

Les Espagnols avaient développé des savoir-faire très spécifiques dans l'art de la tonte (pratiqué dans les « esquiléos ») et dans celui du traitement des différentes qualités de fibres : la refina, la fina, la tercera et la cahidas.

Cet art de la division des laines pour un lavage séparé était confié dans les lavadéros à des ouvriers spécialisés – les « apartadores » –, dont l'apprentissage se faisait sur une période de cinq ans.

C'est à ces différents savoir-faire que vont se familiariser les négociants en laine d'Oloron-Sainte-Marie.

TRAITÉ
SUR
LES BÊTES A LAINE
D'ESPAGNE,
Leur éducation, leurs voyages, la tonte, le lavage et le commerce des laines, les causes qui donnent la finesse aux laines :

Auquel on a ajouté l'historique des voyages que font les moutons des Bouches-du-Rhône et ceux du royaume de Naples ; l'origine, les succès, l'état actuel du troupeau de Rambouillet, et les moyens de propager et de conserver la race espagnole dans toute sa pureté.

Lanigeros agitare greges. . . . .
Hic labor, hinc laudem, fortes, sperate, coloni.
Virgil., Georg., l. 3, v. 287.

Par C. P. Lasteyrie,

Intérêt de la France pour le Mérinos et le lavage des laines.

La France ne disposant pas des laines de qualité que l'Espagne est capable de produire, elle se penche avec curiosité sur la question de l'élevage des moutons.

C'est ainsi que Louis XVI réussit à obtenir de son cousin Charles IV, roi d'Espagne, un grand troupeau de moutons mérinos qui est importé en 1786. Le domaine donnera naissance, sous Napoléon, aux Bergeries Royales de Rambouillet.

Un « Traité sur les bêtes à laine d'Espagne », écrit par Charles Philippe Lasteyrie, voit le jour en 1798, essayant de percer à jour le secret des laines espagnoles.

Quelques années plus tard – en 1808 –, l'industriel Etienne Louis Terneaux implante à Auteuil un lavoir inspiré de ceux existant en Espagne.

Mais bien avant cette date, des lavoirs copiés sur le modèle espagnol avaient pris place à Oloron sur les bords des gaves.

Bergerie Nationale de Rambouillet

Ref 518
Parme 120
T10

Savoir
fixer les teintes,
préparer les pigments,
anticiper l'effet
de la chaleur
font partie des règles
du métier.

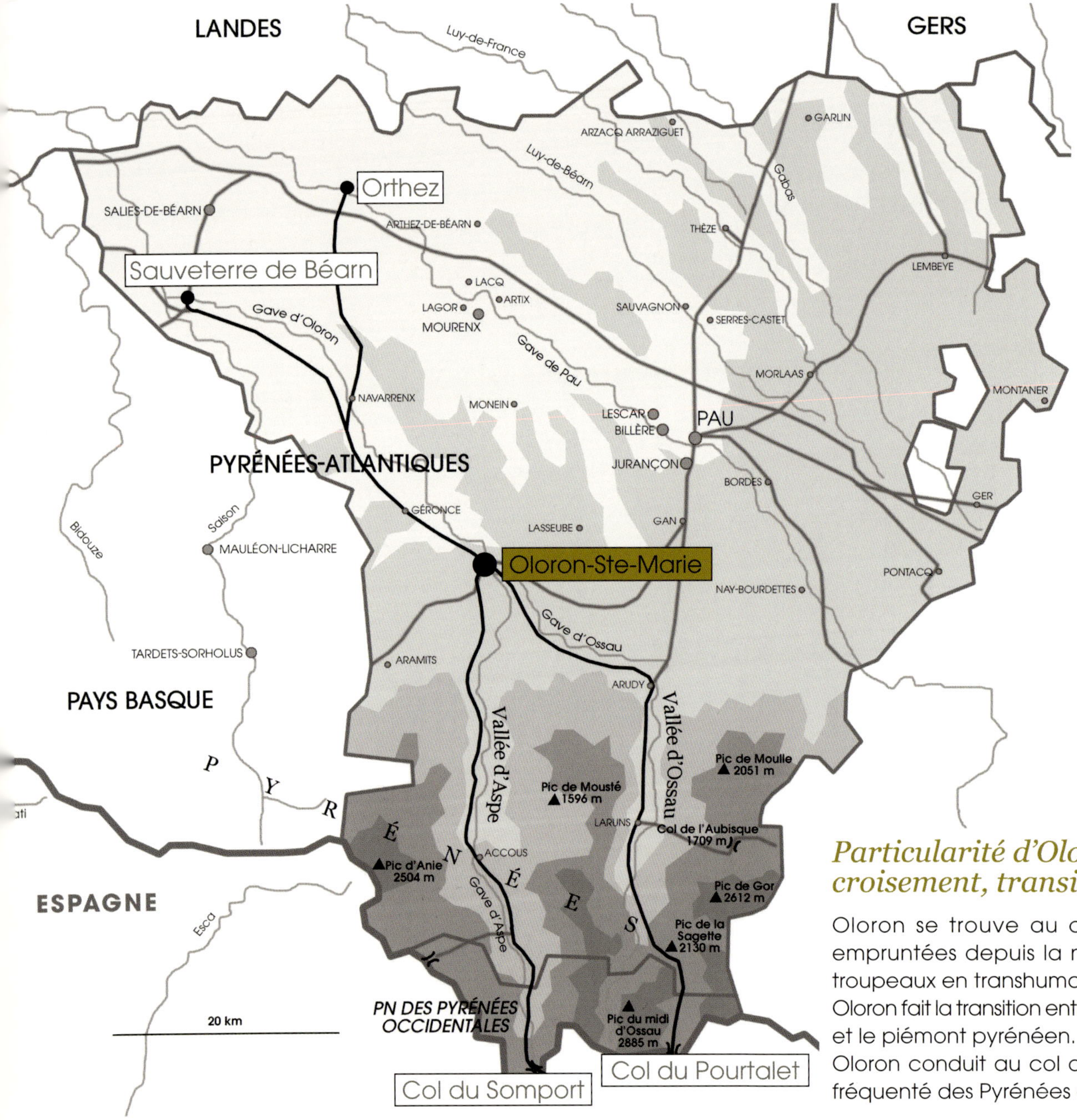

Particularité d'Oloron : croisement, transition, passages.

Oloron se trouve au croisement de routes empruntées depuis la nuit des temps par les troupeaux en transhumance.
Oloron fait la transition entre la zone de montagne et le piémont pyrénéen.
Oloron conduit au col du Somport, col le plus fréquenté des Pyrénées centrales.

Oloron, grand site de passages pyrénéens

Dans l'histoire locale dont Laulhère est dépositaire, cette longue **tradition de passages**.

Passages de populations qui s'expliquent par des facteurs géographiques particuliers.
Sur une carte, il apparaît en effet qu'Oloron se trouve à la confluence des deux vallées d'Aspe et d'Ossau et de la vallée de bordure que représente la vallée d'Oloron. Ainsi, les vallées d'Aspe et d'Ossau débouchent sur la montagne (le premier chaînon montagneux se trouve à huit kilomètres au sud d'Oloron), tandis que la vallée d'Oloron fait la jonction entre la zone de bordure au pied de la montagne et le piémont pyrénéen.
De ce fait, Oloron se trouve au **croisement** de routes empruntées depuis la nuit des temps par les troupeaux en transhumance venant du piémont (Béarn, Gascogne, Landes, Chalosse, Vicbilh, Armagnac, etc.) et se rendant aux pâturages d'altitude.
Un autre élément vient renforcer ce rôle de point de passages : Oloron, faisant la **transition** entre montagne, bordure et piémont, la ville a toujours joué un rôle de **charnière** entre des mondes ruraux qui pratiquaient des économies différentes mais complémentaires.
Economies complémentaires, besoins complémentaires : très tôt dans l'histoire se met en place à Oloron un **commerce d'échanges**.
Enfin, le **col du Somport** se trouve être le col frontière le plus bas des Pyrénées centrales (1 632 m).
Seul passage accessible en toute saison, sauf par enneigement exceptionnel, il devient donc dans l'histoire le col des grands **passages** pyrénéens.

Croisements, transitions, passages : de ce rôle ancestral de charnière va naître toute l'originalité des fabriques textiles d'Oloron et celle des fabriques de bérets.

Les deux foires annuelles d'Oloron liées aux transhumances.

La date des deux foires annuelles qui ont lieu à Oloron depuis le Moyen Âge (1er mai et 8 septembre) correspond aux transhumances des troupeaux.
Début mai, le cheptel monte aux estives après avoir remonté la vallée d'Oloron, début septembre les troupeaux quittent les pâtures et rejoignent la zone de bordure ou bien le piémont pyrénéen. La foire de septembre d'Oloron va ainsi devenir la plus importante du Béarn.

Oloron, zone de transition entre plusieurs économies.

Plusieurs économies différentes étaient mises en contact à Oloron : la zone de montagne, qui pratiquait une économie pastorale, la zone de bordure – où se trouve Oloron –, qui pratiquait une économie à la fois pastorale et agricole, le piémont, qui était tourné vers une économie agricole. Il en résulte très tôt un certain nombre d'échanges, qui s'effectuent à Oloron, car ces trois économies rurales proposent des produits complémentaires.
On touche ici du doigt une spécificité des articles textiles qui seront fabriqués à Oloron-Sainte-Marie : non pas s'adressant à une clientèle aisée mais plutôt tournés vers des produits de tous les jours, solides et durables, faisant appel à des techniques traditionnelles éprouvées. C'est ainsi qu'au XIXe siècle, la confection du béret et celle des espadrilles – comme cela avait été le cas antérieurement pour le cordeillat d'Oloron ou les ceintures de Béarn – vont acquérir une solide réputation.

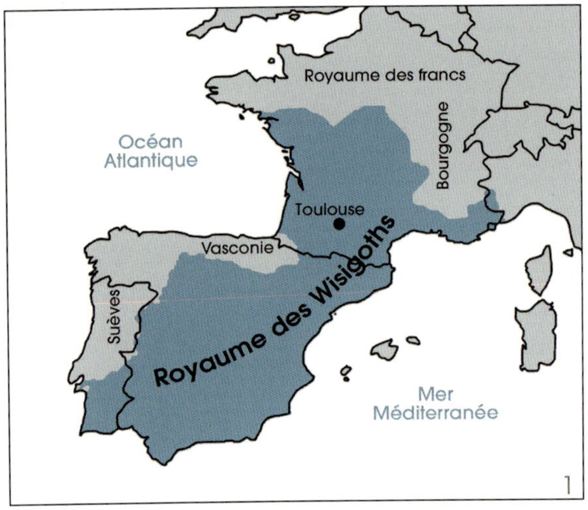

Avant sa création, le Béarn fait partie d'ensembles politiques qui couvrent des territoires situés de part et d'autre des Pyrénées.
Oloron mène au col du Somport et est un lieu de passage majeur des Pyrénées centrales.

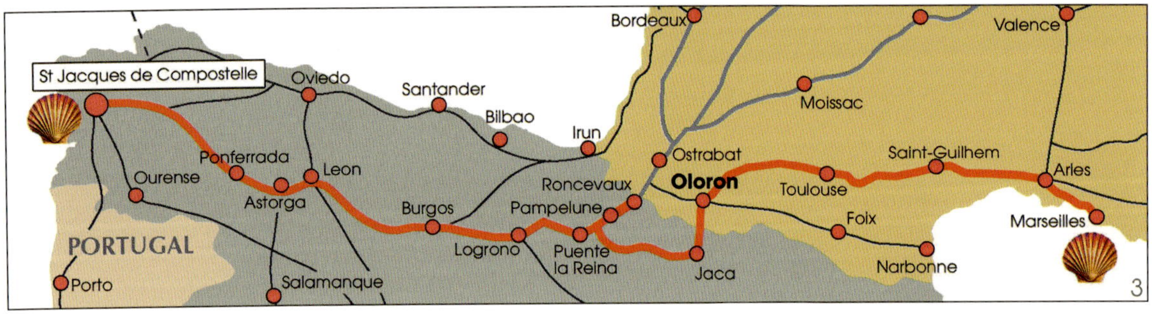

1- Royaume Wisigoth vers 500 ap JC

2- Duché de Vasconie vers 600 ap JC

3- Oloron sur la route de St-Jacques-de-Compostelle. Voie d'Arles passant par Oloron.

Le Somport, un col bien fréquenté

Revenons un peu sur ce col du Somport, car le béret basque et la ville d'Oloron-Sainte-Marie lui doivent une part de leur succès.
Si aujourd'hui la chaîne des Pyrénées s'impose à nous comme une frontière et quelque peu comme une barrière et si Oloron peut nous apparaître comme une ville située aux confins du territoire, rappelons que dans l'histoire cette chaîne se traversait quotidiennement et n'avait rien d'infranchissable.
À ce titre, le col du Somport était devenu un col fréquenté, cela d'autant plus que dans son passé Oloron a été rattaché à des ensembles politiques s'étendant de part et d'autre des Pyrénées sans aucune notion de frontières.
Et cette habitude ancestrale a perduré longtemps après la création de provinces ou de royaumes distincts.
On peut citer par exemple les **Romains**, qui empruntent ce col en 56 av. J.-C. pour assagir et coloniser l'Hispanie.
Puis ils passent et repassent, car par ailleurs les Aquitains leur causent quelques soucis en résistant (pendant trente ans) avant de baisser les armes.
Vers l'an 200 ap. J.-C., l'Aquitaine devient une province séparée (la Novempopulanie) et les Romains construisent une route vers l'Espagne passant par le Somport, route qui consacre Oloron comme une des douze cités de cette nouvelle province.
À cette époque, Oloron se trouve déjà connecté à une des routes majeures du commerce romain : la route reliant Narbonne à Bayonne, qui est la route la plus courte reliant l'océan à la Méditerranée.
Sous les **Wisigoths** – dont le royaume couvre au départ les deux côtés des Pyrénées ainsi que l'Aquitaine et la bordure de la Méditerranée (avant qu'il ne soient refoulés du côté espagnol par Clovis, bataille de Vouillé, en 507) –, ce rôle de carrefour entre les routes reliant le pourtour méditerranéen, le port de Bayonne et l'Espagne est maintenu et même renforcé.
Sous le règne des **Vascons** (du VIe au XIe siècle), le Béarn actuel fait encore partie d'un ensemble plus vaste qui le rattache à une partie espagnole allant jusqu'à Saragosse.
Les Pyrénées ne sont donc pas un obstacle et Oloron est connecté, commercialement et aussi politiquement, à un vaste ensemble englobant une partie de l'Hispanie.
Toujours sous l'angle des passages, retenons que les **Sarrasins** franchissent ce col du Somport (et celui de Roncevaux) vers 720 pour être finalement repoussés par Charles Martel en 732.
Et le souvenir difficile laissé aux troupes de Charlemagne par le col de Roncevaux va d'ailleurs lui donner une mauvaise réputation.
Si bien que c'est le Somport qui sera privilégié par les voyageurs.
Puis durant la longue période de la reconquête espagnole qui s'en suit – **la Reconquista** lancée par la croisade de 1064 –, le passage de la France à l'Espagne se fait aussi – en partie – par Oloron et le Somport.
Parallèlement, **les pèlerins** – dès le XIe – vont emprunter ce col pour se rendre à St-Jacques-de-Compostelle par la voie d'Arles.
Au final, il s'avère que la présence des Pyrénées et d'un col praticable sera une véritable chance pour le développement d'Oloron-Sainte-Marie.
Le béret fait à Oloron doit donc beaucoup aux montagnes, au Somport et à cette proximité avec l'Aragon.

Le béret et les guêtres.

Sur cet écusson, le béret et les « causses », deux accessoires emblématiques des bergers pyrénéens qui nous renvoient à la laine, au tricot et à la fabrication pastorale qui rythme les saisons.

Le temps de la confection pastorale

Laulhèr, le berger. **Laulhèra, la bergerie.**
Laulhère est ce nom béarnais qui nous renvoie au tout début de l'aventure du béret.
Car le béret, au départ de son histoire, est une confection pastorale des Pyrénées.
Trois éléments sont réunis pour lui donner naissance : une matière première, des mains et un savoir-faire.
La matière première est la laine des troupeaux.
Les mains sont celles des bergers, habiles à confectionner divers objets dont leurs guêtres – les causses –, qui font aujourd'hui la fierté du costume traditionnel béarnais.
Le savoir-faire est celui du tricot, appris des Sarrasins et déjà utilisé pour fabriquer ces causses aux excellentes qualités : elles protègent des ronces, tiennent les mollets au chaud, sont respirantes, résistent bien à la pluie et se couvrent d'un doux feutrage. Que demander de plus ?

Comment l'idée germe-t-elle chez ces bergers de confectionner un couvre-chef en tricot de laine ?
Il est vraisemblable que le passage des légions d'occupation romaine ait laissé dans les estives le souvenir du **birretum**, sorte de capeline à capuche qui couvrait la tête et les épaules des légionnaires.
Certes un peu épaisse et chaude, mais protégeant bien du soleil et des intempéries.
Le béret, adaptation locale du birretum romain ?
Remarquons que dès l'an mille, ce birretum est adapté par les clercs pour en faire ce qui deviendra la « barrette », le couvre-chef de forme carrée utilisé par le clergé.
Toujours est-il que l'existence du béret est attestée dès le XIIIe siècle par certains écrits et par certaines œuvres dont l'une des plus évocatrices est une sculpture de l'église de Bellocq située en Béarn.

Sur le portail de l'église de Bellocq (Béarn), cette sculpture du XIIIe siècle représentant un pèlerin coiffé d'un béret et portant à la main droite le mythique bâton du Moyen Âge, le bourdon.

Liens entre causses des bergers et feutrage du béret.

S'inspirant du birretum pour la forme et des causses pour la technique du tricot, les bergers vont introduire dans le béret une innovation de taille : le feutrage accéléré. Car, à l'usage, au contact des épines et de la végétation, les causses finissent par se feutrer et les bergers ont observé que cela leur conférait imperméabilité et résistance aux intempéries.
La nouveauté va consister à marteler le béret mouillé pour obtenir le feutrage dès sa fabrication.
La laine est la seule fibre à supporter le feutrage sans dommage, opération qui améliore la liaison des fibres entre elles.

La fonction utilitaire du béret.

Les caractéristiques intéressantes du tricot alliées aux qualités étonnantes de la laine en font un couvre-chef aux propriétés remarquables : léger, souple, pliable, doux, solide, respirant, résistant aux intempéries.

C'est pourquoi le béret se propage rapidement de vallée en vallée.

Fibre, feutrage et foulage de la laine.

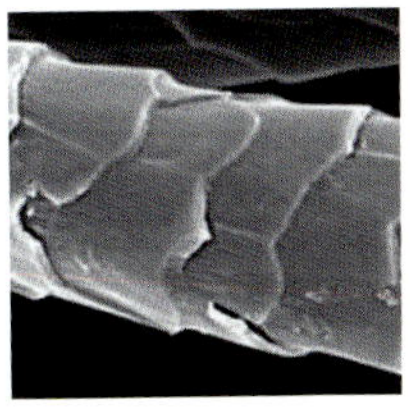

La laine possède de nombreuses propriétés intéressantes qui restent inégalées par les fibres textiles artificielles ou par les autres fibres naturelles.
C'est un matériau **léger** et un excellent isolant thermique, car la laine contient 80 % de son poids en air.
C'est un matériau **hygroscopique** qui peut absorber jusqu'à un tiers de son poids en eau sans être mouillé et sans perdre ses propriétés naturelles.
Les fibres de laine sont **solides** et **élastiques**, au point qu'elles peuvent s'étirer d'un tiers de leur longueur initiale sans se rompre.
Enfin, une qualité distingue la laine de toutes les autres fibres textiles, c'est son pouvoir feutrant.
Car la fibre de laine est recouverte d'**écailles** microscopiques qui, par action mécanique, vont s'accrocher les unes aux autres et considérablement resserrer le lien des fibres entre elles.
C'est ainsi qu'au foulage, frottements, humidité et chaleur vont donner une matière compacte ayant forme et aspect de tissu.
Et dans cette étape, la laine va perdre jusqu'à 30 % de son volume.
C'est grâce à l'art du foulonnage que l'on passe d'une galette de laine tricotée à un béret feutré ayant forme et aspect de tissu.
De la qualité du feutrage va dépendre la douceur, la souplesse et la résistance aux intempéries.
C'est ainsi que naît notre béret : fabrication pastorale par excellence, née des passages et des échanges, couvre-chef réinventé par les bergers, galette de laine lavée et martelée dans l'eau du gave, feutrée à la main, mise en forme sur le genou, séché au soleil et au vent.
Et chez Laulhère, le feutrage du béret reste ce véritable savoir-faire demandant de trouver un équilibre subtil et délicat entre souplesse et résistance, douceur et solidité, légèreté et densité.
Au final, ce sont les caractéristiques intéressantes du tricot et celles, étonnantes, de la laine qui sont réunies pour donner vie au béret et lui conférer des propriétés remarquables. Nous sommes fiers que notre nom **Laulhère** porte la marque des origines du béret, celle des bergers des Pyrénées et de leurs traditions artisanales. Car ces traditions qui se sont transmises ont conféré au béret d'Oloron-Sainte-Marie leur réputation d'excellence.

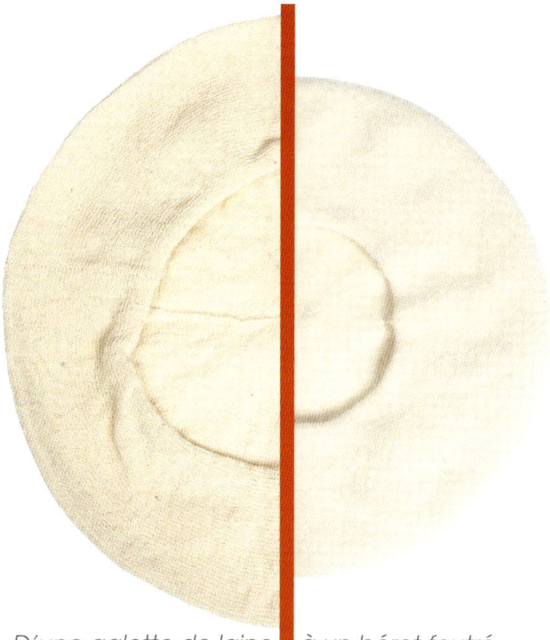

D'une galette de laine à un béret feutré

C'est ainsi que naît notre béret : fabrication pastorale par excellence, née des passages et des échanges, couvre-chef réinventé par les bergers, galette de laine lavée et martelée dans l'eau des gaves, feutrée à la main, mise en forme sur le genou, séché au soleil et au vent.

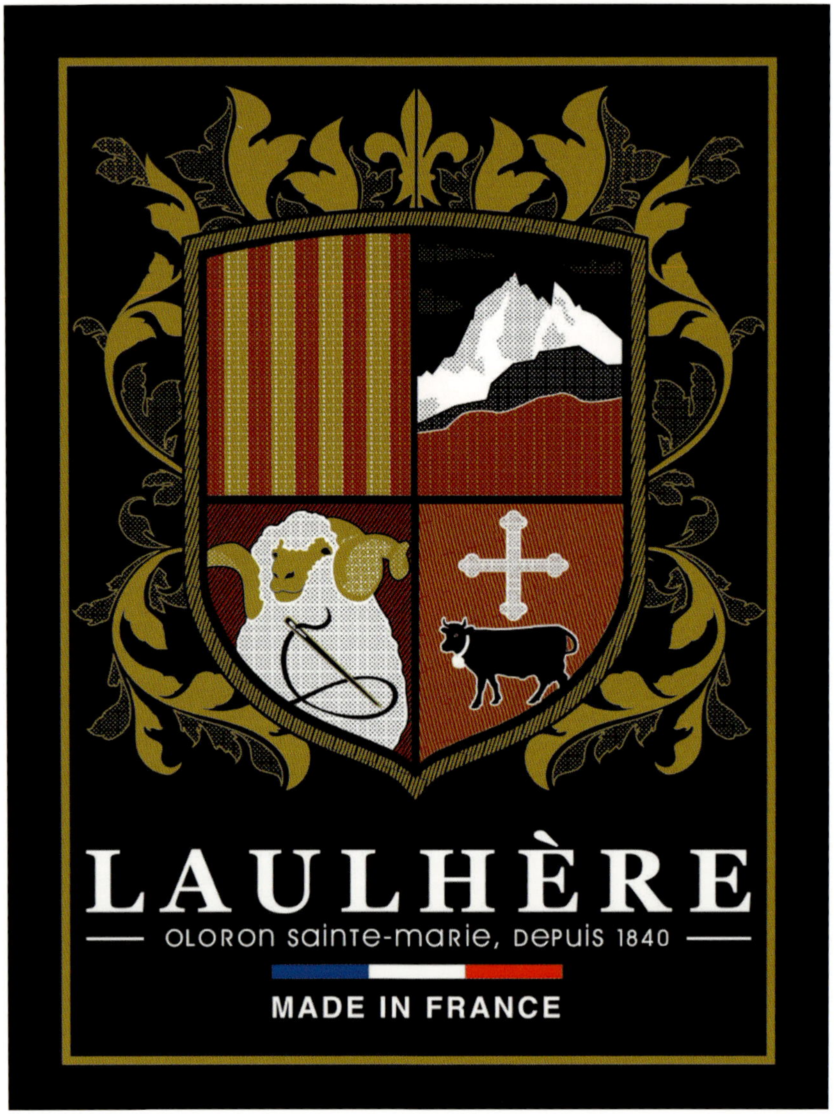
LAULHÈRE
OLORON SAINTE-MARIE, DEPUIS 1840
MADE IN FRANCE

Liens privilégiés entre Oloron-Sainte-Marie et l'Aragon

Si Oloron-Sainte-Marie dans son histoire est devenue la capitale du béret basque et si Laulhère se trouve à Oloron-Sainte-Marie, cela ne doit rien au hasard.
Car à Oloron s'est jouée une aventure textile particulière qui plonge ses racines au plus profond de l'histoire locale.
Et dans cette histoire locale fort ancienne, on trouve une économie fondée sur des **échanges de produits avec l'Aragon**, échanges s'expliquant par la proximité géographique, la présence de cols pyrénéens faciles à franchir et par des facteurs climatiques et historiques.
Le domaine français - plus riche en eau - fournit traditionnellement du bétail, des salaisons, du bois et des étoffes.
Le domaine espagnol - plus chaud et plus aride - fournit de l'huile, du vin, des olives, des cuirs, des fruits et de la laine brute appelée « **mérine** » car issue de la race mérinos. C'est une laine fine très appréciée.
Très tôt dans l'Histoire, cette complémentarité des climats amorce les échanges et fait d'Oloron **une ville de négoce**.
Et pour apprécier l'importance des liens avec l'Aragon, il faut se souvenir de certains aspects historiques.
Se souvenir qu'aux premières heures de son histoire, le Béarn choisira un temps de vivre sous la protection du roi d'Aragon.
Plus tard, de véritables accords commerciaux seront signés entre le Béarn et l'Aragon pour favoriser le commerce entre ces deux territoires (dont la Grande Passerie signée en 1514).
Ce renforcement des liens commerciaux s'explique du fait que, pendant toute une période, l'Aragon communique peu avec la Castille et aussi parce que, côté français, le Béarn se trouve enfermé derrière le vaste désert des landes gasconnes rendant l'ouverture sur l'Aragon indispensable.

En quoi ces liens privilégiés et très anciens avec l'Aragon nous parlent-ils du béret ?

Il faut réaliser que dans ces échanges, les étoffes et les tissus vont prendre une place de plus en plus importante.
Car si l'Espagne est en Europe le premier pays exportateur de laine, elle va aussi devenir le principal pays importateur d'articles textiles et de draperies, ce qui va contribuer à faire d'Oloron - dans la première partie du XVIe siècle - une **véritable plaque tournante** du commerce des étoffes. Et les mêmes négociants d'Oloron qui achètent la laine mérine en Espagne pour la revendre aux fabricants français s'approvisionnent en textiles français ou étrangers pour les revendre en Espagne. Dans cette vaste économie de transit, la laine brute espagnole va même devenir une véritable monnaie d'échanges utilisée dans les transactions.
C'est ainsi qu'Oloron devient une place experte dans le négoce textile et va réussir à fixer de nombreuses compétences attirées par la santé des affaires.
Et c'est de ce **vivier de compétences** que vont naître les maisons de négoce d'Oloron puis les fabriques textiles et, en leur sein, les fabriques de bérets.
Les traditions locales ont donc toujours su intégrer l'apport de connaissances nouvelles et à Oloron on peut vérifier que les liens historiques très anciens entretenus avec l'Aragon et la place du commerce de la laine mérine vont imprimer aux fabriques textiles d'Oloron une marque particulière. Cette marque est la suivante : dans cette ville, tradition n'a pas signifié repli sur soi mais a rimé avec mouvements, échanges, activité, commerce.
La tradition de négoce a habitué à aller au contact.
Et tout cela a permis d'élargir les savoir-faire et de les améliorer au fil du temps.

ANALES DE
LA CORONA DE
ARAGON.
COMPVESTOS POR GERONYMO ÇVRITA,
Chronista de dicho Reyno.
TOMO PRIMERO.
VA AÑADIDA, DE NVEVO, EN ESTA IMPRESION; EN EL VLtimo tomo, vna Apología de Ambrosio de Morales, con vn parecer del Doctor Iuan Paez de Castro, todo en defensa destos Anales.

CON LICENCIA, Y PRIVILEGIO
Impressos en Çaragoça, en el Colegio de S. Vicente Ferrer, por Lorenço de Robles, Impressor del mismo Reyno. Año. 1610.
A costa de los Administradores del General.

L'Aragon, un royaume menant une active politique de conquête.

L'Espagne étant passée sous domination arabe dès le début du VIIIe siècle, le comté d'Aragon émerge en 780 ap. J.-C., après que les Francs eurent repris pied à Jaca. Face aux musulmans et grâce à une politique militaire active, le comté est consolidé jusqu'en 1035 puis, à partir de cette date, c'est une période de construction d'un véritable royaume qui va durer jusqu'en 1137.
Ce royaume important va par la suite mener une politique de conquête dynamique : Catalogne et Aragon s'unissent en 1137, la Sardaigne est conquise en 1325, la Sicile en 1382 puis le royaume de Naples en 1442.
Les liens historiques d'Oloron avec l'Aragon doivent s'entendre dans ce contexte où l'Aragon a été bien plus qu'une simple province espagnole.

Le Béarn un temps sous protection aragonaise.

En 1154, Henri Plantagenêt – marié à Aliénor d'Aquitaine – devient roi d'Angleterre et le duché d'Aquitaine passe sous suzeraineté anglaise. Mais le Béarn choisit la protection du roi d'Aragon, qui va perdurer jusqu'en 1213. Pendant la croisade des Albigeois, Pierre II – roi d'Aragon – prend sous sa protection le comte de Toulouse Raymond VI ainsi que le vicomte de Béarn, Gaston VI. Mais Pierre II étant tué à la bataille de Muret en 1213, Gaston VI doit se soumettre au roi de France et à cette occasion, Sainte-Marie, en mesure de rétorsion, devient alors seigneurie et cité vicomtale au détriment d'Oloron. Et les Anglais demandent au vicomte de Béarn une promesse d'hommage, qu'ils finissent par obtenir en 1228.

Liens privilégiés entre Oloron-Sainte-Marie et l'Aragon

Les sources d'approvisionnement en produits textiles.

Quand l'industrie textile prend son essor à partir du XVe siècle en France, dans les Flandres, en Angleterre, le **commerce de transit** va remplacer à Oloron le **commerce d'échanges** des premiers temps.

Dans un sens, l'acheminement de laine fine espagnole vers les centres textiles du continent, dans l'autre l'approvisionnement de l'Espagne en draperies et étoffes fines que l'Espagne ne fabrique pas.

L'approvisionnement d'Oloron en produits textiles pour la revente en Espagne a plusieurs sources :

- une première source avec des spécialités textiles venues de France (toiles de Laval, de Rouen, de Bretagne, de Poitou, draps du Languedoc, mercerie de Lyon, du Forez, du Bourbonnais).
- une deuxième source correspondant aux produits anglais et flamands (toiles fines de Bruges et d'Anvers) acheminés par mer à Bayonne.
- une troisième source correspondant aux produits du Languedoc achetés à Toulouse. C'est de cette manière que des capitaux s'accumulent dans les mains des négociants d'Oloron, capitaux qui seront réinvestis plus tard dans les fabriques de bérets.

Notons qu'au cours du XVIe siècle – suite aux découvertes maritimes espagnoles à la fin du XVe siècle – de nouveaux produits vont transiter par Oloron aux côtés des étoffes.

C'est ainsi que café, sucre, cacao, épices vont également emprunter le col du Somport et passer par Oloron avant que le déclin de l'Espagne au profit des Pays-Bas n'ouvre de nouvelles routes commerciales plus éloignées du Béarn.

De tout cela retenons que la proximité avec l'Aragon a insufflé une longue tradition de négoce, tradition qui précède à Oloron la tradition de fabrique.

***À Oloron, une économie millénaire** fondée sur les échanges de produits qui progressivement se transforme en économie de transit : laine fine mérinos acheminée de l'Espagne vers la France, étoffes et draperies fines acheminées de France vers l'Espagne.*

Aragon en 1690

Etre fabricant de bérets basques à Oloron-Sainte-Marie

Dans l'ADN des fabricants oloronais...
l'attachement aux choix des meilleurs laines...
et d'un fil écru mais noble...
on fait un béret haut en couleur.

Place du négoce de la laine mérinos à Oloron

La laine est au cœur de l'histoire du béret fabriqué à Oloron-Sainte-Marie.
C'est au départ une matière première utilisée pour confectionner divers articles textiles.
Mais, à Oloron plus que partout ailleurs, la laine sera aussi un **domaine d'expertise**.
Car dans cette ville, le négoce de la laine fine avec l'Espagne n'était pas une simple activité commerciale parmi d'autres mais un véritable savoir-faire transmis de génération en génération.
Choisir les meilleures laines en provenance d'Espagne demandait de faire appel à un vaste champ de connaissances : les laines du Léon, celles de Castille ou d'Aragon, celle de Ségovie ou de Soria n'avaient pas les mêmes qualités.
Il fallait donc connaître les lieux de transhumance, comprendre les procédés de traitement (tonte, tri des fibres, méthode de lavage), savoir apprécier la parfaite maturité des fibres, ni trop courtes ni trop longues.
Et ce savoir-faire appris par les négociants d'Oloron s'est acquis sur le terrain, au contact des vendeurs et des troupeaux espagnols. Cela fait longtemps que ces négociants aventureux sont sortis de leur maison, de leur entrepôt, de leur magasin, de leur vallée et ont pris l'habitude de sillonner la France et l'Espagne.
Du point de vue des fabriques, cet intérêt porté au processus de traitement de la laine va amener à une particularité qui distingue Oloron des autres centres textiles béarnais et basques : les négociants en laine vont progressivement se lancer dans la fabrication textile, devenant des « **négociants-fabricants** », entrepreneurs ayant à la fois une activité de négoce et une activité de fabrication. Curiosité, esprit d'aventure, audace, recherche des meilleurs procédés : autant de qualités qui caractérisent les initiateurs du béret « fait à Oloron » et qui vont leur assurer une longue et durable suprématie dans le paysage du béret français.
S'étant familiarisés avec les procédés pratiqués en Espagne mais inconnus en France, ils vont d'abord importer à Oloron – dès le XVe siècle – la technique de lavage de la laine. Car Oloron dispose de cette eau abondante, régulière et particulièrement limpide qui vient directement des montagnes.

C'est ainsi que des lavoirs naissent aux bords des gaves et que la laine mérine traitée à Oloron va acquérir une solide réputation et devenir très recherchée par les grands centres textiles français et étrangers.

Etre fabricant de bérets basques à Oloron-Sainte-Marie.

Dans l'ADN des fabricants d'Oloron-Sainte-Marie, un véritable savoir-faire quant à la sélection des meilleures laines mérinos, initialement importées d'Espagne.
Cette laine fine va conférer au béret des qualités particulières : elle est légère, ne retient pas les odeurs, elle est respirante, absorbant l'humidité et la rejetant à l'extérieur, elle ne gratte pas, elle sèche rapidement.
Le choix de la laine est également déterminant pour la maîtrise d'étapes essentielles à la fabrication du béret, comme celle du feutrage ou celle de la teinte.
Au sein des fabriques historiques de bérets français, le fil était acheté écru et l'art de la teinte permettait d'obtenir toute la palette de coloris.
Et chez Laulhère, la teinte reste cet art véritable qui va donner au béret toute sa splendeur et sa vitalité.

Zooms historiques

*Oloron-Sainte-Marie,
une histoire avec l'Aragon :
la laine fine Mérinos.*

Laine fine Mérinos

Sélection des fibres

Lavage des laines

Fil écru

Place du négoce de la laine mérinos à Oloron

Capacité de l'Espagne à fournir de belles laines.

L'Espagne fournit une laine dont la finesse est comparable à la laine de Perse ou à celle des Shetland.
Et c'est en fait l'instabilité et le risque permanent de **razzias** qui expliquent que l'Espagne devient très tôt en Europe (dès le XVe siècle) le premier pays exportateur de laine. Car les grands propriétaires, plutôt que de se tourner vers les cultures agricoles, préfèrent investir dans d'immenses troupeaux (pouvant atteindre jusqu'à 100 000 têtes), troupeaux qui ont l'avantage de pouvoir se réfugier dans les montagnes et d'échapper aux raids des sarrazins.
C'est ainsi que, tôt dans son histoire, se met en place en Espagne l'**usage de la transhumance**, qui reste relativement peu pratiquée par ailleurs (à part dans les Bouches-du-Rhône, la zone pyrénéenne et la lointaine Tartarie). La qualité des laines viendra certes de la race mérinos mais surtout du fait que la transhumance assure aux animaux une nourriture de qualité et des conditions de vie hygiéniques.

L'industrie textile espagnole.

Le développement des grands troupeaux en Espagne a son pendant : le faible développement de son industrie textile, faiblesse dont Oloron va largement tirer avantage dans son histoire.
Car si les propriétaires vont miser sur ces grands troupeaux, ils vont délaisser l'agriculture et l'industrie. Cela d'autant que la découverte du Nouveau Monde en 1492, puis le départ des Morisques - musulmans d'Espagne convertis de force au catholicisme - en 1609 et 1611 détournent massivement la main d'œuvre du pays.

Rôle majeur de la transhumance sur la qualité des laines.

Des tentatives existent bien au XVIIIe siècle pour développer des fabriques de draps (une à Ségovie, une à Guadalajara, qui devient la plus grande usine d'Europe) ou des fabriques de bas de laine (dont celle de Burgos, créée en 1770), mais ces tentatives ne sont pas couronnées de succès et restent largement insuffisantes pour couvrir la demande intérieure espagnole en produits textiles.
L'Espagne va donc continuellement importer des étoffes fines venues de France, des Flandres et d'Angleterre.
C'est dans ce contexte qu'Oloron va devenir une **tête de pont du négoce** des étoffes avec l'Espagne.

Commando

Laulhère, plus de 200 ans de passion

De la passion, il en a fallu depuis 1792, date à laquelle Pierre Laulhère fonde la maison Laulhère.
Et c'est cette passion qui a permis à l'aventure de continuer, qui a permis à Laulhère de se hisser parmi les meilleurs fabricants de bérets.

Pour commencer, **passion de la laine mérinos**.
Le Pierre Laulhère de 1792 est bien ce négociant qui va acheter la laine fine en Espagne. Un savoir-faire précieux autour de la qualité des fibres qui va donner une longueur d'avance aux fabricants d'Oloron.

Passion des apprentissages également.
C'est ainsi que Pierre Laulhère se lance dans la fabrication des bas en laine. Puis son fils Lucien, qui lui succède, va fabriquer des ceintures de Béarn, des cordeillats et, à partir de 1840, apprend de son beau-père Pierre Tournaben l'art de la confection du béret.
Chance de la transmission d'un savoir-faire capitalisé chez les Tournaben depuis plus de cinquante ans.
Mais aussi soif d'apprentissage et de découvrir de nouvelles techniques. C'est cette même soif que l'on retrouve chez les enfants de Lucien, Pierre-Joachim Laulhère et Adrien-Modeste Laulhère, qui vont se diversifier sur le tissage de la toile tout en consolidant l'activité de tricotage des bérets.

Passion pour transmettre.
Laulhère, c'est aussi la passion de transmettre des savoirs, des techniques qui ont fait leurs preuves et qui ont conféré au béret des qualités et un toucher inégalés.
Et sur ce plan, Laulhère a une chance unique : au-delà des épisodes qui, ici et là, ont pu suspendre quelques jours la production de bérets, l'activité de la fabrique n'a jamais été interrompue depuis sa création.
Au sein des équipes, une chaîne de transmission qui a toujours fonctionné, permettant aux gestes, aux acquis, aux secrets de fabrication de se transmettre et de s'améliorer de génération en génération.
Cette transmission des savoirs est la clé de l'édifice, quand on sait que la confection d'un béret passe par de nombreuses étapes manuelles dont chacune conditionne le succès du résultat final.
Et elle n'est pas née la machine qui pourra reproduire ces gestes et intégrer tous les paramètres qui interviennent dans la fabrication !
Car ces paramètres sont nombreux, fluctuants et interagissent entre eux d'une étape à l'autre.
C'est pourquoi la part de recettes, d'astuces reste si importante dans nos procédés.
Sait-on par exemple que la laine cardée que nous utilisons pour le tricotage est une laine assemblée en vue du meilleur feutrage, comme un bon vin est l'assemblage de plusieurs cépages ?
Que l'opération de foulage va faire rétrécir le béret d'environ 30 %, ce qui amène à anticiper la taille de départ pour obtenir la taille finale désirée ?
Que dans cette étape le savonnage doit permettre le glissement des fibres entre elles mais sans en empêcher l'accrochage ?
On le comprend : l'art du béret est bien cet art du compromis subtil, du bon dosage entre gestes empiriques et observations attentives.
Et c'est avec cette passion pour son métier que Laulhère fabrique chacun des bérets sortant de sa fabrique.

L'art de la confection du béret. Des gestes, des savoirs, des astuces empiriques et une attention de tous les instants

1

2

3

4

5

Les étapes de la confection du béret

Dans la fabrication du béret, dix étapes majeures, et pour chacune de ces étapes de nombreux paramètres à prendre en compte, à apprivoiser. La maîtrise est ici une affaire d'expérience et d'apprentissage.
Des recettes ancestrales, des secrets de fabrication pour obtenir un rendu, une couleur, un toucher, une qualité unique faite de finesse, de souci du détail et de solidité.

1. Tricotage

Une opération complexe liée à la forme en galette du béret, forme qui nécessite de gérer le nombre de mailles en augmentant et en diminuant. Cette opération est mécanisée mais, pour rester au plus près des gestes ancestraux, Laulhère a conçu, développé et mis au point dans les années soixante-dix ses propres machines à tricoter.

2. Remaillage

Opération qui consiste à fermer le tricot, permettant d'obtenir une forme circulaire.

3. Feutrage (ou foulonnage)

Le béret est soumis à une action mécanique dans de l'eau tiède savonneuse. Ce foulage permet d'obtenir le feutrage, qui va donner au béret sa douceur et va également resserrer son réseau de mailles. Cette densité garantit la tenue dans le temps et la résistance aux intempéries. Opération capitale et délicate car c'est en jonglant avec divers paramètres que l'on obtient la souplesse du béret Laulhère.

4. Teinture

Laulhère utilise un fil cardé non coloré et effectue ses propres teintes. C'est ce qui lui permet de proposer une grande palette de coloris et de répondre aux demandes les plus exigeantes, en particulier venant de la haute couture. Qualité de l'eau, température, composition du fil cardé : autant de facteurs qui jouent sur le résultat final.

5. Enformage

Cette opération va donner au béret sa forme définitive. L'enformage est traditionnellement réalisé grâce à des cales en bois dont on augmente progressivement le diamètre jusqu'à obtenir la taille souhaitée.

Laulhère,
plus de 200 ans de passion

6. Grattage

L'opération consiste à soulever la fibre pour lui redonner du volume mais en veillant à ne pas l'arracher.

7. Tondage

L'opération permet d'obtenir une surface parfaitement homogène et un toucher agréable, doux et soyeux. La partie se situant près du cabillou (la petite queue du béret) fait l'objet d'une tonte manuelle spécifique.

8. Décatissage

Ce traitement à la vapeur permet de supprimer les faux plis et de redonner du gonflant à la laine.

9. Garnissage

Le garnissage correspond aux diverses opérations de confection : coiffe de drap, de rayonne ou de soie posée en doublure à l'intérieur du béret, couture de la baleine de cuir autour de l'ourlet, écusson cousu qui vient donner au béret son identité finale.

10. Bichonnage

C'est l'opération finale de mise en valeur du béret avant son emballage. Bichonner le béret, c'est le rendre impeccable à la vue et au toucher en enlevant toutes les petites particules de laine.

6

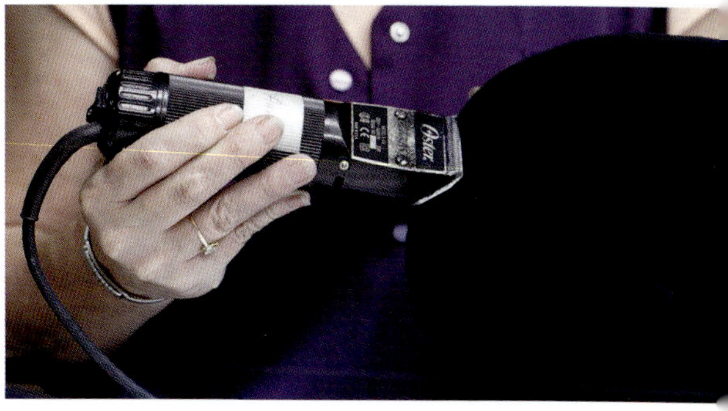

7

8

9

10

La part de recettes, d’astuces et d’observations est si importante dans nos procédés.

Le mouvement dans l'ADN du béret.

Le béret a toujours été un garnement turbulent et, dès ses origines, tout l'incite à être en mouvement. Inutile donc de vouloir l'enfermer, de le dire basque ou béarnais, paysan ou artiste. Il rebondira sur un autre terrain, comme un beau diable car c'est vrai qu'il a du ressort. En témoignent ces écussons où il est sur terre, sur mer, dans les airs mais jamais immobile !

Mouvement et aventure dans l'ADN du béret basque

Si un couvre-chef porte dans ses gènes le mouvement et l'**esprit d'aventure**, c'est bien le béret basque.
Au point qu'il serait presque un électron libre dans le paysage de la bonneterie, refusant de se laisser enfermer.
Et chez Laulhère, nous aimons cette idée d'un garnement impétueux qui rebondit là où on ne l'attend pas.
Son histoire nous montre qu'il est plein de vigueur et épris de grands espaces.
Et comment en serait-il autrement ?
Mouvement des passages pyrénéens empruntant la route d'Oloron vers le col du Somport et à l'origine des savoirs qui donnent naissance au béret.
Mouvement des troupeaux en transhumance, à l'origine de la qualité des laines espagnoles et de l'activité textile qui se développe à Oloron-Sainte-Marie.
Mouvement des liens privilégiés et évolutifs du Béarn avec l'Aragon.
Mouvement des aiguilles en buis dans les mains des bergers béarnais, nos premiers entrepreneurs du béret basque.
Mouvement du béret des premiers temps, mise en forme sur le genou dans un geste circulaire appelé « le broucabou ».
Mouvement de l'eau impétueuse des gaves d'Oloron autour desquels s'organisent les fabriques.
Mouvement des premiers foulons qui équipent les moulins et donnent... le rythme.
Mouvement des artisans venus du Nord et se fixant à Oloron. Ils viennent avec des compétences précieuses qui seront transmises aux fabriques historiques de bérets.
Mouvement des négociants en laine d'Oloron qui vont s'aventurer en Aragon, en Espagne et sur les grandes places textiles françaises (Laval, Poitou, Rouen, Toulouse, etc.).

Le béret, histoire de mouvement.

Pas étonnant qu'avec cet ADN le garnement s'échappe des bergeries d'origine, s'aventure dans les vallées et se propage un peu partout sur la planète !
Pas étonnant qu'il coiffe aussi bien les hommes que les femmes et les enfants.
Pas étonnant qu'il saute de tête en tête, passant du paysan au soldat, du soldat au curé, du curé à l'ouvrier et de l'ouvrier à l'artiste, à l'écrivain, au peintre, au philosophe.
Tour de force du béret de rester au plus près des gestes ancestraux tout en échappant à l'immobilisme.
Jouer à saute-mouton - de préférence mérinos - sur les clichés et les stéréotypes.

Se jouer des frontières et des catégories.

C'est de cette manière que le béret est devenu un emblème indémodable.
Et c'est de cette manière que le béret veut vivre.

1

2

3

4

BASQUE CLUB
50
1960-2010
SAN FRANCISCO

Le béret met la voile

Dans l'ADN du béret basque, ce besoin d'aventure et de grands espaces.
Car dès sa petite enfance, les bergers des Pyrénées lui ont insufflé ce goût immodéré d'une vie libre et indépendante.
Alors, après avoir parcouru les vallées du Béarn et du Pays basque, après avoir conquis le Sud-Ouest puis les provinces françaises, après s'être propagé en Espagne et sur le continent, il hisse les voiles et prend le large.
Il avait déjà pris l'air marin, embarqué sur les baleiniers basques qui sillonnaient l'Atlantique Nord et les côtes américaines.
Et dès le début du XVIe siècle, on le trouvait à Terre-Neuve, au Labrador ou dans le golfe du Saint-Laurent à Saint-Pierre-et-Miquelon.
Il voyage sur les mers et inspire les marins bretons qui l'adoptent car il tient bien la teinte et aussi la tête, résiste bien au sel.
Rencontres maritimes. De là à croire qu'il inspire aussi les marins écossais et irlandais : étrange similitude du béret basque avec le Balmoral, le Tam O'Shanter ou le Caubeen. On devine les interminables controverses. Déjà qu'entre Béarn et Pays basque…
Quoi qu'il en soit, le béret aime être sur le pont, respirer l'air frais et prendre de grandes bourrasques.
Sur les paquebots, il sera le meilleur compagnon des Béarnais et des Basques qui émigrent vers les Amériques.
Il prend pied en Argentine, au Chili, au Mexique, au Paraguay, en Colombie, en Uruguay, au Venezuela.
Autant de lieux où les migrants ont à cœur de faire vivre leurs coutumes et où le béret va ancrer sa fonction identitaire.
Puis ce sera la Californie à partir de 1848 avec le Far West et la ruée vers l'or.
Certains de ces migrants vont alors se consacrer à l'élevage car il faut bien nourrir tous ces chercheurs d'or !
Et comment les Montagnes Rocheuses n'attireraient-elles pas ceux qui ont été des bergers de père en fils ?
Dans tous ces pays, des communautés pour lesquelles le béret est bien plus qu'un couvre-chef utilitaire.
Bien arrimé sur leurs têtes, il a été le compagnon des grandes traversées, celles faites d'inquiétude mais aussi d'espérance, ces traversées qui prennent le risque de la nouveauté et de l'aventure, celle des hommes sans terre allant vers des terres sans hommes.
Et aujourd'hui le béret reste cette coiffe qui sait prendre des risques : risque de surprendre, risque de s'affranchir. Risque de rester libre tout simplement.

Le béret qui traverse les océans : des hommes sans terre vers des terres sans homme.

Sur cette carte, le béret qui voyage avec les baleiniers basques et s'implante dès le XVIe siècle à Terre-Neuve et Saint-Pierre-et-Miquelon (1).
Egalement le béret qui accompagne les vagues d'émigration basco-béarnaise et prend l'air sur les grands paquebots comme le Lutetia (Compagnie de Navigation Sud-Atlantique) (2).
La destination privilégiée pour la colonisation agricole s'est faite au départ vers les provinces de La Plata (dès le XVIe siècle) puis vers l'Uruguay à partir de 1830 et vers l'Argentine (3).
Signe de cette émigration en Amérique, des clubs basques ou béarnais qui nous rappellent que le béret est un grand voyageur (4).

Liberté et indépendance dans l'ADN du béret basque.

Le Béarn, terre de liberté et d'indépendance, a largement transmis son tempérament au béret basque et en a fait ce couvre-chef indémodable et inclassable qui sait échapper aux catégories.

Liberté. *Un message profondément inscrit dans l'histoire du béret basque.*
Esprit d'indépendance. *Difficile de l'enfermer dans un moule ou de lui serrer la vis !*
Plutôt insoumis. *Aimant les grands espaces de ses origines pyrénéennes.*

Le Béarn, terre de liberté et d'indépendance

Le béret basque est né au pied des Pyrénées et dans un bel écrin : celui du Béarn.
Comme le Pays basque voisin, cette province a une histoire particulière qui va insuffler au béret un **esprit de liberté** dont il ne s'est jamais départi.
Sachons relire cette farouche énergie du Béarn pour préserver son indépendance, cela pour comprendre d'où le béret tire son besoin de liberté.
Car dès le XIe siècle, la vicomté de Béarn est **souveraine**, une terre dotée de ses propres pouvoirs législatifs et judiciaires.
Elle deviendra **indépendante** sous Gaston Fébus – en 1346 –, qui accepte de prêter hommage à la couronne d'Angleterre pour son comté de Foix mais le refuse pour le Béarn au titre que « Béarn est franche terre qu'il n'en doit à nul seigneur ».
Le ton était donné et, jusqu'en octobre 1789, le Béarn aura à cœur de **défendre son autonomie et sa liberté**.
Cette liberté du Béarn pour réglementer son territoire va se traduire dans l'Histoire par des mesures spectaculaires pour favoriser l'essor de l'activité, du commerce, des fabriques.
Et reconnaissons sur ce plan que les souverains de Béarn ont fait preuve d'une étonnante lucidité, qui s'est renouvelée et même renforcée au cours des siècles. Oloron saura en tirer avantage.
Ainsi, vers 1080, la ville est reconstruite grâce à une décision de création urbaine – la **poblation** – qui exempte les oloronais de redevances, de droits de vente et de transport afin d'attirer et de fixer de nouveaux habitants.
Cette poblation, déjà exceptionnelle en son temps, sera de plus renforcée vers 1290 par un règlement encore plus généreux : le **for d'Oloron**, qui restera valable jusqu'en 1551 après avoir été confirmé à plusieurs reprises. Les concessions accordées sont importantes et concernent les droits de passage, la franchise de cens pour les terres, les achats et les ventes, l'exemption des leudes, la limitation du service militaire.

Grâce à ces avantages, l'essor d'Oloron est attesté dès le XIIIe siècle et les artisans et les marchands qui s'y implantent vont jouer un rôle prépondérant dans la naissance des fabriques textiles puis celle de bérets.
Au-delà de la ville d'Oloron, ce sont aussi les vallées attenantes qui vont bénéficier de règlements particuliers qui définissent les contours de leur autonomie et délimitent les pouvoirs du vicomte (for de Barétous en 1220, for d'Ossau en 1221, for d'Aspe en 1247/1250).
Venant compléter ces fors, se met également en place un Règlement des Montagnes Générales, forme de syndicat avant l'heure qui organise l'utilisation des pâturages.
On le voit, très tôt le Béarn s'est doté d'un cadre original qui a choisi de privilégier le développement de l'activité.
Et c'est dans ce cadre qu'Oloron est reconstruite, repeuplée, qu'elle bénéficie de mesures qui attirent artisans et négociants, que ses moulins échappent au régime de la banalité, que ses marchés bénéficient d'exemptions et que la ville finit par devenir un centre textile de tout premier plan, centre au sein duquel les fabriques de bérets auront un rôle important.

L'implantation des fabricants historiques de bérets à Oloron-Sainte-Marie ne doit donc rien au hasard.
Et cet atavisme du béret pour la liberté et l'indépendance ne doit rien au hasard non plus et va permettre au béret de devenir une figure emblématique, au-delà des classes et des catégories.

Un combat permanent du Béarn pour préserver son autonomie.

À maintes reprises dans l'Histoire le Béarn devra défendre ses prérogatives.
En 1154, il passe sous suzeraineté du roi d'Angleterre (mariage d'Aliénor d'Aquitaine avec Henri II) mais rend hommage seulement en 1228.
En 1171, c'est la révolte des Béarnais pour échapper à la domination d'Alphonse II d'Aragon.
En 1213, suite à la bataille de Muret, Gaston VI de Béarn doit se soumettre au roi de France.
Gaston VII cherche à se libérer de cette tutelle. Il est fait prisonnier avant d'être pardonné en 1279.
Gaston Fébus prend les rênes en 1343 et proclame l'indépendance du Béarn en 1347.
Le Béarn va se retrouver rattaché à la couronne de France en 1589 (quand Henri IV est proclamé roi) mais reste terre franche et pays souverain.
En 1616, sous la régence de Marie de Médicis, le Béarn est annexé à la France. Cette annexion étant refusée par les États de Béarn, Louis XIII rentre à Pau en octobre 1620 à la tête d'une nombreuse armée.
L'édit de 1620 maintient toutefois les privilèges.
Puis arrive le 28 octobre 1789 : les États Généraux votent la nouvelle organisation des régions et la suppression de leurs privilèges. Le Béarn aura défendu sa liberté jusqu'au bout.

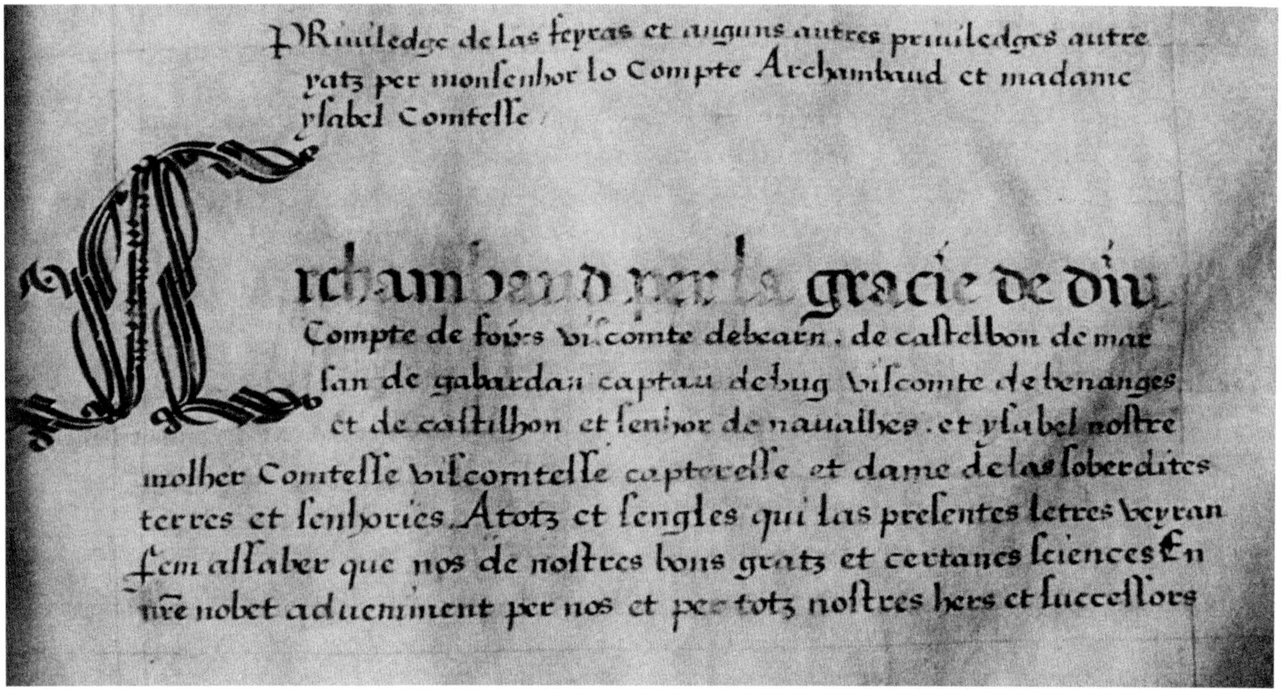
Priuiledge de las feyras et auguns autres priuiledges autre-
yats per monsenhor lo Compte Archambaud et madame
ysabel Comtesse

Archambaud per la gracie de diu
Compte de foys viscomte debearn . de castelbon de mar
san de gabardan captau debug viscomte de benanges
et de castilhon et senhor de nauailhes . et ysabel nostre
molher Comtesse viscomtesse captaresse et dame de las soberdites
terres et senhories. Atotz et sengles qui las presentes letres veyran
fem assaber que nos de nostres bons gratz et certanes sciences En
nre nobet aduemment per nos et per totz nostres hers et successors

Charte d'amélioration des fors de la cité d'Oloron -1326. Des mesures spectaculaires pour favoriser l'essor de l'activité.

Atavisme du béret pour la liberté et l'indépendance.

Le béret, né dans l'écrin des Pyrénées, aime les grands espaces et l'indépendance.
C'est pourquoi il coiffe les gens libres, artistes ou paysans, stars ou humbles, militaires ou révolutionnaires.

Histoire du béret

1. Le béret « bleu céleste » du régiment des Volontaires Cantabres, premier groupe constitué à porter le béret. Ses soldats étaient recrus uniquement sur les Pyrénées, l'Océan et la Garonne.
En 1788, ce régiment devient le bataillon de Chasseurs Cantabres qui se rend redoutable aux Espagnols et sera surnommé « les ours ».

2. Le béret rouge des soldats carlistes espagnols.

Compagnie de chasseurs à pied et béret

3. La première compagnie de chasseurs à pied est créée en 1837 par le duc d'Orléans et donnera naissance aux bataillons de chasseurs à pied, largement alimentés par les anciens bataillons de Chasseurs des Montagnes couvrant l'Ariège, les Pyrénées et la Haute-Garonne.
Ces chasseurs s'illustrent, pour commencer, en Algérie pendant la bataille de Sidi-Brahim.

4. Photo d'archive du 13e Bataillon de Chasseurs Alpins portant la « tarte », coiffe réglementaire.

5. La tarte devient la coiffure des troupes de montagne françaises, seul le 2e Régiment Etranger de Génie portant le béret vert de la Légion Etrangère.
La tarte des chasseurs alpins. Tricotée d'une seule pièce, sans couture, avec le cor de chasse couleur jonquille comme emblème.

Des bergeries aux champs de bataille

Comment le béret, couvre-chef des bergers pyrénéens et des montagnards, réussit-il à devenir cette figure emblématique ?
Au départ, c'est sa **fonction utilitaire** qui lui assure son succès. Et pour cause : il est solide, léger, il emboîte bien le crâne et ne s'envole pas au moindre coup de vent, il s'enlève facilement grâce au cabillou – sa petite queue sommitale –, il se plie dans la poche, il résiste bien aux intempéries, protège du soleil et du froid, il est à la fois imperméable et respirant, il est doux au toucher. Que demander de plus ?
Voilà comment cet article essentiellement pratique, sans changer tellement de forme ni de couleur pendant des siècles, fait son chemin grâce aux marchands ambulants et se propage dans les vallées et les provinces environnantes.
Mais, curieusement, c'est la teinte qui va lui assurer son éclat, militairement parlant, et ses lettres de noblesse, il va les acquérir en **s'illustrant sur les champs de bataille**. Car s'il est au départ non teinté, « couleur de la bête », disent les Béarnais, le savoir-faire dans l'art des couleurs se développe et le béret de couleur devient véritable élément d'uniforme.

Alors quand des bataillons se couvrent de gloire au combat et portent un béret facilement identifiable, leur couvre-chef devient également élément de prestige.
C'est ainsi que le régiment des **Volontaires Cantabres**, créé en 1745, introduit dans son habillement des différences « relatives au costume national des Cantabres et habitants des Pyrénées », dont un béret bleu à pompon blanc.
Au XIXe siècle, pendant les guerres carlistes qui divisent l'Espagne, le bataillon carliste « Guias de Navarra », bataillon engagé dans les missions les plus dangereuses, porte le béret rouge qui va devenir symbole de bravoure et d'audace.

Nouvelle étape pour le béret en 1840 avec la conquête française de l'Algérie et le départ de cinq bataillons de **chasseurs à pied**, le 3e bataillon étant confié au colonel Jacques Camou, originaire du Béarn.
Ces bataillons se distinguent au combat, en particulier à la bataille de Sidi-Brahim où c'est en béret, dit-on, que quatre cents chasseurs à pied résisteront aux six mille cavaliers d'Abd el-Kader.

Après la guerre de 1870, l'armée française décide de créer des unités d'élite capables de combattre en montagne et c'est parmi ces chasseurs à pied d'Algérie que seront recrutés les premiers **chasseurs alpins**, dont bon nombre seront originaires du Béarn et du Pays basque.
Ainsi, en 1889, sont créés les régiments de chasseurs alpins qui vont s'illustrer dans les Vosges pendant la Première Guerre mondiale, chasseurs surnommés « les diables bleus » par les Allemands du fait de la couleur de leur uniforme. Leur coiffe réglementaire devient le béret à partir de 1891.

À partir de là, le béret va gagner du terrain au sein de l'armée française et celles des armées étrangères. Et c'est un véritable honneur pour Laulhère de fabriquer les bérets des troupes d'élite de l'armée, répondant en cela à des cahiers des charges souvent draconiens où tout son savoir-faire est mis en valeur.

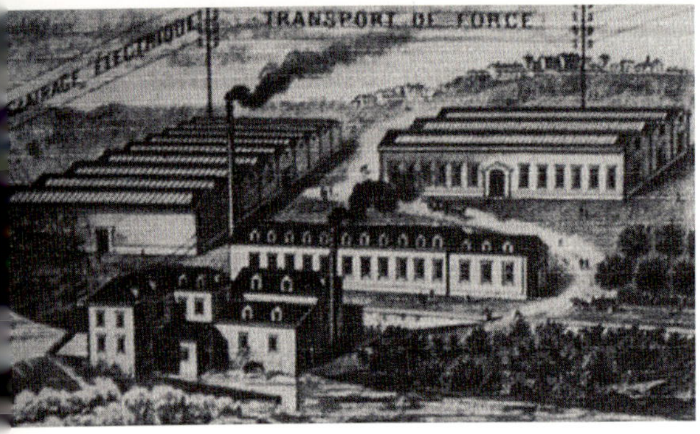

Les fabriques oloronaises

À la sortie des fabriques, les rue d'Oloron se couvraient de monde, la plupart de ces fabriques se trouvant au cœur de la ville, aux bords des gaves et sur l'emplacement d'anciens moulins (moulin Cardesse pour Laulhère, moulin Cassaber pour Loubière, moulin Montaut pour Barraban, moulin Campagne pour Mazères, etc).

Cette filiation directe entre les fabriques oloronaises et les anciens moulins traduit le rôle important qu'a joué une eau limpide, régulière et abondante.

Cette force de l'eau nous est rappelée par le bruit impétueux des gaves coulant au pied de notre fabrique.

L'écusson « fabrique historique »

Sur cet écusson, quatre symboles qui caractérisent les fabriques historiques de bérets basques. Les Pyrénées, berceau du béret basque. Le blason d'Oloron-Sainte-Marie, capitale du béret basque. La laine mérinos, matière première d'excellence. Les gaves impétueux dont l'eau a donné naissance aux fabriques textiles.

La notion de fabrique oloronaise

Du fait de l'histoire locale, qui plonge ses racines dans une longue tradition d'échanges, les fabriques textiles présentes à Oloron auront en commun certaines particularités.

L'attachement au choix des meilleures laines, attachement atavique du fait que la plupart des fabricants historiques sont au départ des négociants en laine fine espagnole.

C'est le cas de Laulhère, créé en 1792, mais c'est aussi le cas d'autres fabriques qui ont marqué l'histoire d'Oloron comme les établissements Barraban (créé aussi en 1792) ou Mondine (créé en 1808).

De cela il découle chez Laulhère une sélection rigoureuse de la laine utilisée.

Autre particularité : l'intérêt porté aux besoins locaux, faisant que ces fabriques sauront développer des **articles durables** qui en feront la réputation.

Oloron fabriquera par exemple, avant les bérets, le cordeillat, matière en laine tissée destinée à la fabrication de longs manteaux paysans à col.

Ou bien la ceinture de Béarn, en laine également, destinée aux travailleurs des champs qui sera même exportée en Amérique du Sud, en Afrique occidentale ou en Roumanie.

De cela il découle aujourd'hui un **souci de la confection de qualité**, privilégiant le recours à des matériaux nobles dans toutes les étapes de la fabrication.

Oloron, c'est aussi cette histoire ancienne avec l'Espagne.

Sur ce plan, une partie de l'activité de la ville sera tournée au XVIIIe siècle vers la fabrication de bas en laine fait aux métiers à tricot et exportés vers l'Espagne.

Cette fabrication donnera à la ville une longueur d'avance en matière d'articles tricotés et ce savoir-faire sera reconduit et consolidé lors de l'essor du béret dans la deuxième partie du XIXe siècle.

Enfin, observons que les fabriques textiles présentes à Oloron pratiquaient en général à la fois **le tissage et le tricotage**.

Cette polyvalence n'était pas si usuelle dans un monde où les corporations – notamment textiles – veillaient jalousement sur leur savoir-faire et s'opposaient en général à la diffusion des connaissances.

Mais dans le Béarn, province attachée au régime de liberté que nous avons décrit, et plus particulièrement à Oloron, le poids des corporations restait relativement faible.

De plus, les fondateurs des fabriques importantes sont, à Oloron, non des artisans mais des négociants, ce qui a limité l'ingérence des corps de métiers et donné à ces fabriques un profil bien particulier.

Cette polyvalence va en tout cas renforcer la position des fabriques de bérets d'Oloron, l'essor de la toile à espadrille (l'empeigne) à partir de 1880 venant renforcer l'activité de confection de bérets.

Il ressort que la **fabrique oloronaise** a un sens bien particulier.

Elle traduit d'abord l'héritage, en ligne directe, d'un long passé et d'un long savoir-faire.

C'est ce lignage qui permet d'assurer l'**intégralité de la fabrication** et qui permet de maîtriser des techniques complexes, comme celle du feutrage ou de la teinte.

Elle renvoie également au fait que les usines de bérets étaient toutes restées des entités appliquant, à plus ou moins grande échelle, des procédés demeurant traditionnels.

Ce manque de mécanisation a contribué à provoquer leur disparition mais leur a aussi permis de rester au plus près des gestes ancestraux.

*La notion de
fabrique historique
traduit d'abord
l'héritage,
en ligne directe,
d'un long passé et
d'un long savoir-faire.*

BREVETS D'INVENTION

246.222, 29 mars. — *Laulhère frères.* — Fabrication de bérets légers en tricot avec apprêt.

119766. — 9 *août.* — Laulhère et fils, Oloron (Basses-Pyrénées). *Genre de toile pour sandales et pantoufles.*

246.222, 29 mars. — *Laulhère frères.* — Fabrication de bérets légers en tricot avec apprêt.

246.419. 5 avril. — *Chaize,* — Perfectionnements aux métiers à fabriquer les remisses.
246.419, 11 avril. *Laulhère frères.* — Fabrication de bérets zébrés en tricot.

246.419. 5 avril. — *Chaize,* — Perfectionnements aux métiers à fabriquer les remisses.
246.419, 11 avril. *Laulhère frères.* — Fabrication de bérets zébrés en tricot.

chines à perles et à ganses.
275 481, 16 février. — Société Laulhere frères. — Fabrication des casquettes en tricot.

UN ANTI-DÉRAPANT

MM. Laulhère, membres du Club, nous adressent un bandage textile de leur invention destiné tout à la fois à prévenir le glissement latéral ou dérapage et à protéger les pneus. Extrêmement solide et résistant, ce bandage s'adapte à tous les pneus, il paraît devoir atteindre parfaitement le but proposé.

Nous prions ceux de nos sociétaires que la question intéresserait de vouloir bien s'adresser directement à MM. Laulhère frères, manufacturiers à Oloron-Sainte-Marie (Basses-Pyrénées).

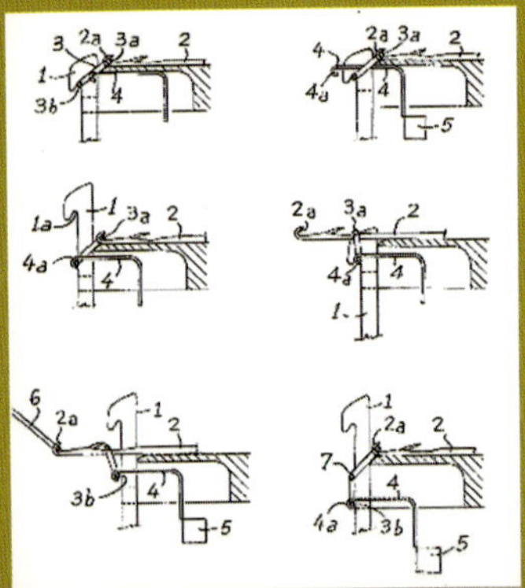

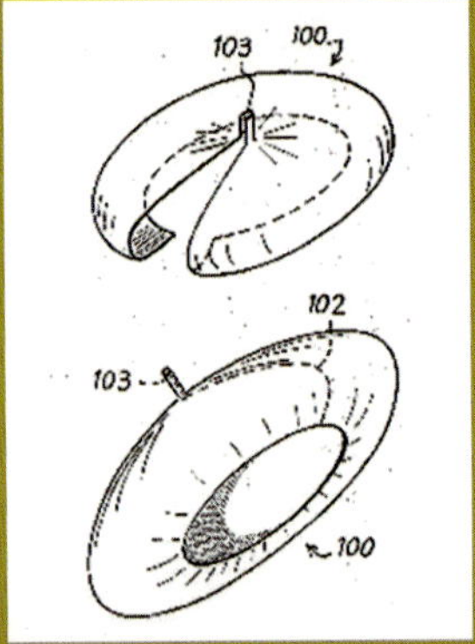

ANNALES
INDUSTRIELLES
PUBLIÉES PAR
FRÉDUREAU & Cie
INGÉNIEURS CIVILS

RÉPUBLIQUE FRANÇAISE
MINISTÈRE DU COMMERCE ET DE L'INDUSTRIE
CONSERVATOIRE NATIONAL DES ARTS ET MÉTIERS
OFFICE NATIONAL
DE
LA PROPRIÉTÉ INDUSTRIELLE
292, Rue Saint-Martin, 292. — PARIS (IIIe)

33me Année. SAMEDI 24 AOUT 1895 Numéro 1.717.
LE
MONITEUR DES SOIES
ORGANE INTERNATIONAL ET INDÉPENDANT
JOURNAL HEBDOMADAIRE AVEC BULLETIN QUOTIDIEN
Le Bulletin quotidien paraît tous les jours, excepté les Dimanches et Fêtes

BULLETIN DES LOIS
DE LA
RÉPUBLIQUE FRANÇAISE.
XIIe SÉRIE.
PREMIER SEMESTRE DE 1897.

L'innovation chez Laulhère.

De nombreux brevets touchant aussi bien l'activité de tricotage de bérets que celle de tissage de la toile (en particulier pour espadrille).

Signe d'une curiosité d'esprit et du fait que le message du béret a bien été reçu : ne pas se laisser enfermer, toujours avoir du ressort et rebondir.

Brevet n°119766 d'août 1878. Brevet n°197124 du 4 avril 1889. Brevet n°246222 du 29 mars 1895. Brevet n°246419 du 11 avril 1895. Brevet n°275481 du 26 octobre 1897. Brevet n°275481 du 16 février 1898. Brevet n°366833 du 16 mai 1906. Brevet n°442996 de septembre 1912. Brevet DE2849630C2 du 19 octobre 1989.

Laulhère, entre tradition et innovation

Comment manier de pair tradition et innovation, respect du passé et nécessité d'inventer, de créer, de bouger ?

Chez Laulhère, la tradition est vue comme un apport dynamisant.

Non pas quelque chose qui enferme, qui fige, qui immobilise, mais au contraire quelque chose qui donne du mouvement.

Être fabricant historique, c'est avoir cette chance d'un lien direct et privilégié avec une longue histoire qui est devenue comme un compagnon de route.

C'est avoir la chance de dialoguer avec la tradition pour y puiser de nouvelles pistes.

C'est ainsi que l'innovation a toujours joué un rôle important chez Laulhère.

Chez ses fondateurs, pour commencer, car dès 1878, les Laulhère se distinguent par de nombreux dépôts de brevets, concernant aussi bien les bérets que la toile à espadrille.

Leurs sujets d'intérêt sont nombreux et traitent aussi bien des apprêts que de la manière d'obtenir des bérets à base de tricot zébré.

On notera en particulier ce brevet des Frères Laulhère en date du 16 février 1898, inventant la casquette en tricot. Le premier béret-casquette était déposé. Il fera son chemin, en particulier grâce à nos amis anglais et à la marque Kangol.

Petit clin d'œil de l'histoire.

L'innovation touchera également la conception des ateliers et des machines.

Et sur ce chapitre, Laulhère doit beaucoup à ses ingénieurs Arts et Métiers, qui réussiront à faire la synthèse entre respect des méthodes traditionnelles et apport d'idées neuves, améliorant ainsi le confort de travail.

Dans les années 1950 est ainsi construit un atelier de tricotage d'une conception entièrement nouvelle, la toiture auto-portante rendant le bâtiment beaucoup plus spacieux et lumineux.

Puis, dans les années 1970, ce sera la conception interne de machines à tricoter « maison » destinées à remplacer les vieux métiers Lebocey.

Cette démarche est unique au sein des fabriques françaises de bérets et il faut rendre hommage à l'implication sans faille des équipes de l'époque, dont Henri Estingoy, qui a mis au point et fait breveter des procédés ingénieux, toujours en vigueur aujourd'hui.

Et c'est parce que nos procédés ont toujours cherché à respecter le meilleur des anciennes techniques traditionnelles que nos produits ont gardé cette touche particulière.

Aussi, quand certains de nos clients militaires vont jusqu'à spécifier le type de machines à utiliser, nous le prenons comme un compliment.

Oui, le tricotage d'une tarte de chasseur alpin ne peut être confié à une Shima Seiki, aussi bonne cette machine numérique soit-elle !

Au final, tradition et innovation sont bien pour Laulhère ces deux complices qui s'épaulent en permanence.

Et même quand un fabricant historique plonge ses racines plus de deux cents ans en arrière, la tradition n'est pas tout.

« Tradition sans innovation n'est que ruine de la fabrique », aurait pu écrire Montaigne.

Procédés de tricotage.

Pour obtenir la forme circulaire du béret, le nombre de mailles par rangée va en augmentant puis en diminuant. Les métiers à tricoter capables de gérer cette difficulté seront l'aboutissement d'un long cheminement qui démarre en 1589 avec l'invention des métiers à bas.

Les métiers à bas dont seront issus les métiers à bérets sont d'une telle complexité qu'ils sont fabriqués par des serruriers-arquebusiers et qu'ils font l'admiration de Diderot dans sa grande Encyclopédie.
À la demande des Corporations, leur fabrication sera sévèrement réglementée.

L'entreprise béarnaise Milhet va développer des métiers à bérets en sachant prendre en compte les dernières améliorations apportées aux métiers à tricot. Ces machines s'adaptent aux tours de main spécifiques que demande la confection du béret.

Chez Laulhère, des procédés de tricotage développés en interne permettant une touche de fabrication appréciée par nos clients les plus exigeants, aussi bien dans la mode que dans les unités d'élite de l'armée française.

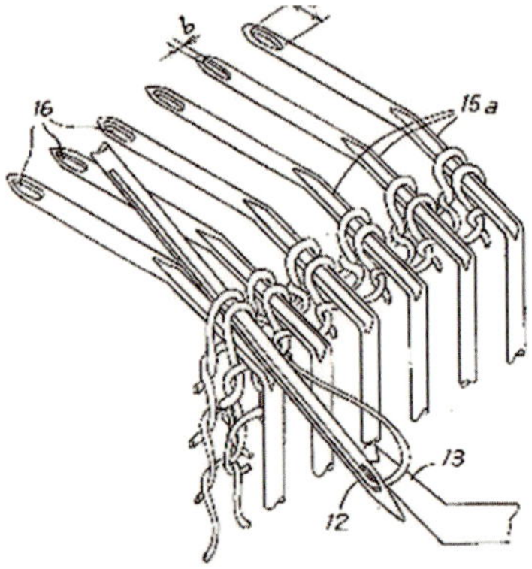

Vers la machine à tricoter.

C'est l'Américain **Mathew Townsend** qui invente et brevète en 1858 l'aiguille à clapet, forme d'aiguille qui sera reprise par **William Cotton**, inventeur en 1864 de la première machine à tricoter. L'adaptation de la machine à tricoter pour aller vers une machine à bérets sera réalisée par plusieurs fabricants dont Lebocey, installé à Troyes, grand centre de la bonneterie française.

Anecdotes autour des métiers à tricoter

Le tricotage n'est pas le tissage et fait appel à un procédé plus complexe du fait de l'entrelacement de mailles.

Et quant au béret, il faut avouer que sa fabrication est demeurée longtemps une sorte de casse-tête du fait de la géométrie de ce couvre-chef. Obtenir une forme de galette circulaire à partir des mouvements rectilignes d'un métier correspondait en effet à une belle difficulté technique.

C'est pourquoi, malgré l'apparition des métiers à tricoter à la fin du XVIe siècle, la confection des bérets restera longtemps à base de simples et longues aiguilles en buis avant d'aller vers des méthodes plus efficaces.

Puis, progressivement et s'inspirant des métiers à bas, des métiers spécifiques au béret seront mis au point localement grâce à des techniciens talentueux.

Les machines, quant à elles, feront leur apparition à la toute fin du XIXe siècle et au début du XXe siècle.

Invention du métier à tricoter par William Lee.

C'est l'Anglais **William Lee** qui invente le premier métier à tricoter les bas en 1589, mais la reine Elizabeth lui refuse son brevet sous prétexte que la qualité obtenue lui semble un peu grossière.

Sur proposition d'un marchand de Rouen, W. Lee vient donc s'installer en France et construit un atelier de bas de soie au tricot. Mais avec les troubles religieux qui se développent, il repart bientôt en Angleterre en effaçant toute trace de son invention si bien que, côté français, son métier à bas va tomber dans l'oubli.

C'est finalement un Nîmois, Jean Hindret, qui va réussir à copier les métiers à bas anglais, métiers qu'il introduit en France en 1656. Sur instruction de Colbert, il fonde la même année à Neuilly-sur-Seine la manufacture du Château de Madrid.

Métier à tricoter les bas : espionnage encore.

Du fait que les métiers à bas sortaient trop facilement d'Angleterre, un bill vient en interdire l'exportation et même leur déplacement au sein du Royaume autour de 1657. C'est alors que l'espionnage industriel entre la France et l'Angleterre va redoubler et, à ce titre, il faut évoquer le nom de l'ingénieur **Le Turc**. Il sera envoyé du côté anglais pour percer les derniers secrets d'un certain nombre de machines ou inventions, dont les métiers à tricoter.

En 1785, il revient avec les plans des métiers anglais et va s'employer par la suite à les perfectionner (métier Le Turc). Ces métiers à tricoter vont faire l'objet par la suite de nombreuses recherches et améliorations (métier Jacquet, métier Moisson, métier Favreau, etc.).

Vers le métier à tricoter les bérets.

Dans la deuxième partie du XIXe siècle, la demande en bérets basques s'envole et il s'agit de produire en plus grande quantité avec des procédés plus efficaces.

Pour passer d'un métier à tricoter classique à un métier à bérets, il faut rendre l'ouvrage capable de gérer le nombre de mailles différent d'une rangée à l'autre.

La mise au point des métiers à bérets va suivre plusieurs voies. Des entreprises béarnaises vont se lancer dans l'aventure. C'est le cas par exemple de la **société Milhet**, située à Coarraze.

Une contribution importante viendra également de techniciens pointus venus du Nord et installés en Béarn. C'est le cas par exemple de **Mr Berchon**, qui invente le métier Berchon autour de 1876.

Quant à l'entreprise Laulhère, pour garder la maîtrise de ses techniques de fabrication, elle fera le choix de développer ses propres procédés : les MAT.

1

3

4

Le béret, symbole universel d'une manière d'être.

Il coiffe les paysans et les stars, les artistes engagés et les ouvriers, les traditionnels et les révolutionnaires, les civils et les militaires, les adultes et les enfants. Tous ceux qui avancent dans la vie, risquent l'aventure d'être soi-même.

5

6

Le béret, symbole universel d'une manière d'être

Ce qui fait toute la **singularité** et l'originalité du béret basque dans l'histoire de la chapellerie, c'est que ce couvre-chef soit devenu un symbole universel.
Peu importe que vous soyez homme ou femme, peu importe votre origine, peu importe votre âge ou votre métier, peu importe votre statut - civil ou militaire -, l'essentiel pour porter le béret est de rester soi-même.
Car si le béret n'a rien renié de ses origines pastorales, faites de liberté et de grands espaces, et qu'il a fait son chemin dans toutes les couches de la population, c'est bien parce qu'il respecte chacun dans ce qu'il a de plus neuf, de plus singulier.
Et quel beau symbole de le voir coiffer à la fois les paysans et les intellectuels, les ouvriers et les curés, les civils et les militaires, les traditionnels et les contestataires, les inconnus et les stars.
Point commun entre toutes ces personnes portant fièrement le béret ?
Une philosophie de l'existence : avancer dans la vie, être en mouvement, mener son chemin. Paradoxe étonnant du béret basque : sa fonction identitaire de départ aurait pu le reléguer à un simple statut régional mais il réussit à devenir ce **symbole universel**.
Et c'est bien parce que l'ADN du béret porte en lui cette **vitalité** qu'il réussit ce tour de force.

C'est bien parce que, dès sa naissance, il contient mouvement et aventure qu'il est devenu ce couvre-chef emblématique.

Car le béret basque,
en dépit des coups durs et des
revers de l'histoire,
a cette formidable capacité de rebond
et resurgit toujours là où
on ne l'attendait pas.

Il ne se laisse jamais abattre.
Qui mieux que lui peut symboliser le dynamisme qui veille en chacun de nous ?
Qui mieux que lui peut traduire l'originalité de chaque personne ?
Qui mieux que lui peut caractériser la vitalité individuelle ?
Et Laulhère a toujours veillé à respecter cette liberté du béret basque.

Si Laulhère est aujourd'hui gardien du symbole que représente le béret basque, pour autant elle n'en est pas propriétaire et veille à ne pas l'enfermer.

1. Emile Zola - 2. Général Montgomery - 3. L'Abbé Pierre - 4. Madonna - 5. Salma Hayek - 6. Fidel Castro et Le Ché
7. Dizzy Gillepsie

1

2

3

4

Histoire du béret

Le béret figure emblématique.

Porté par ceux qui créent,
ceux qui s'engagent,
ceux qui militent,
ceux qui résistent.

1. Le béret de Braque et John Lennon. Liberté, Création, Nouveauté.

2. Le béret d'Hémingway et Malraux. Engagement, parti-pris, risque.

3. Le béret du Front Populaire. Faire bouger les lignes, évoluer.

4. Le béret des maquisards. Résister fièrement.

Le béret, figure emblématique du non-conformisme

Revenons sur ce curieux paradoxe du béret basque : objet de pure tradition qui, pourtant, nous invite à dépasser la tradition.
Comment le béret s'y prend-il pour nous délivrer ce message ?
Observons que la mutation s'est faite au fil du temps et au travers de plusieurs fonctions.
Sa **fonction utilitaire** de départ a joué à plein pour le populariser en dehors de ses vallées d'origine. On l'adopte car il est pratique, léger, durable.
Puis grâce à sa **fonction identitaire**, on va le retrouver sur tous les pays d'émigration basco-béarnaise. Il est le lien avec le pays, les origines, les coutumes.
Sa couleur va lui donner une **fonction d'appartenance**, pleinement exprimée dans le béret des troupes d'élite. Car pour les armées du monde entier, le béret signe le fier ralliement à une famille, à un corps.
Enfin, déjà paré de ces différentes fonctions et lié au contexte français de l'entre-deux-guerres, une alchimie particulière agit sur le béret pour en faire le symbole universel que nous avons évoqué.
Étrange cheminement du béret : issu du monde rural, il réussit à conquérir toutes les couches de la population française en dépassant la notion de catégorie sociale. Emblème de la France, il sait pourtant échapper aux frontières étroites et défendre également des causes plus lointaines. Porteur d'une longue histoire, il sait nous dire que tradition n'est pas enfermement mais point d'appui pour aller plus loin.
Et, de fait, on va le trouver chez tous ceux pour qui histoire signifie histoire en marche, force en mouvement. Par opposition à immobilisme, à poids des habitudes, à stéréotypes, à conformisme.
Voilà pourquoi il coiffera Picasso et Braque.

Avec les fondateurs du cubisme, il signifie

liberté, expression, nouveauté

Avec Hemingway et Malraux,
du côté des républicains espagnols et
des Brigades Internationales, il signifie

engagement, parti-pris, risque

Avec le Front Populaire,
il est du côté des militants, de ceux qui veulent

faire bouger les lignes

Avec les maquisards, il est du côté de ceux

qui résistent

Aux Jeux de Mexico en 1968, avec les Américains Evans, James et Freeman du relais 4x400 m, il est du côté de ceux qui **bousculent** les usages et affichent leur cause.
Avec le Che Guevara, il est du côté de la révolution.
Avec Fellini, il est du côté de la singularité et de la modernité du cinéma. Avec Dizzy Gillepsie, Thelonious Monk ou Charlie Mingus, il est du côté du jazz, d'une musique qui **bouge** et établit de nouveaux standards. Aux Jeux d'Helsinki en 1952, il est du côté d'un père **intrépide**, le père de Jean Boiteux, qui se jette à l'eau pour embrasser son fils champion du 400 m nage libre.
Et si le béret, tout simplement, était **symbole d'anticonformisme** ? En effet, comment ne pas voir que le béret, objet de si longue tradition et d'héritage, se retrouve aussi chez tous ceux qui dépassent la tradition et expriment l'élan et la nouveauté ? Il est là le message ancestral que nous délivre le béret basque : **sachez rester vivifiant comme l'air pur des Pyrénées !**

Le béret figure emblématique.

1. Bousculer les usages, affirmer
2. Le béret du Che : la révolution
3. Le béret de Fellini : singularité et modernité
4. Gillepsie, Monk, Mingus : le jazz est en marche
5. Helsinki 1952 : le béret intrépide

Page de droite : Le béret en mouvement à New-York

Le béret, figure emblématique du non-conformisme

1

2

4

5

6

7

8

9

10

11

12

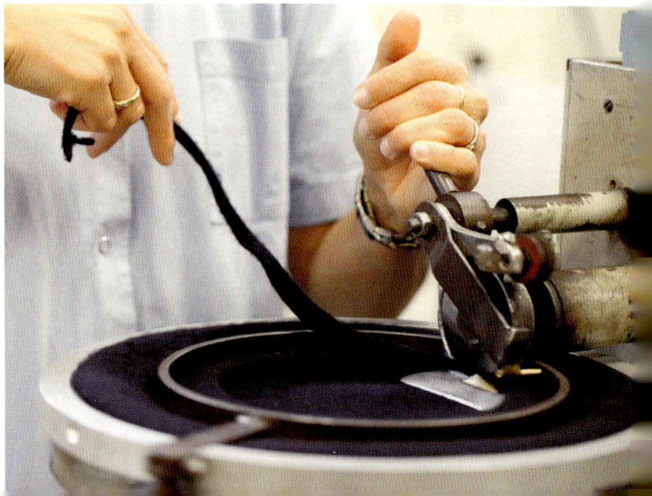

Les termes du métier

Chaque métier possède son vocabulaire, ses mots, son univers et le béret n'y échappe pas.

Quelques exemples.

Bouffette (1) : petit nœud de couleur cousu sur le cuir, à l'arrière du béret.
Bouloche : petite boule de laine liée à l'opération de feutrage.
Cabillou (2) : petite queue sommitale qui dépasse de certains bérets, trace de l'époque où la confection se faisait avec de longues aiguilles en buis.
Entrée-au-mètre (3) : appareil servant à mesurer le tour-de-tête du béret.
Gaufrage (4) : opération qui consiste à chauffer la coiffe pour formage des bordures avant la couture.
Palme (5) : en tricotage, la palme est la géométrie de base constitutive du béret. Sa forme est en triangle, résultat des augmentés et des diminués. Un béret traditionnel est composé de 24 palmes.
Enduit (6) : baleinage cousu sur le bord du cuir et permettant de former une bordure arrondie.
Lacette ou liguette (7) : petit lacet piqué sur le cuir et jouant le rôle de frein. Evite au béret de glisser.
Écusson (8) : motif cousu sur la coiffe interne et représentant un écusson héraldique, un paysage, une figuration particulière.
Coiffe (9) : partie interne du béret, en contact avec la tête et revêtu d'un tissu.
Entrée (10) : ouverture interne du béret par laquelle on introduit la tête.
Cuir (11) : lanière en cuir cousue sur le tour-de-tête de certains modèles.
Marquage (12) : opération qui consiste à imprimer le cuir par transfert thermique.
Découpe (13): opération qui consiste à enlever de la matière pour obtenir le tour-de-tête souhaité.

Temps de fabrication.

La fabrication d'un béret correspond chez Laulhère à 10 grandes opérations (tricotage, remaillage, foulage, teinture, enformage, grattage, tondage, décatissage, garnissage et bichonnage), mais pour avoir un béret complet, de la réception des matières premières au conditionnement final, c'est au total 16 étapes qui vont se succéder, étapes au cours desquelles le béret va passer dans les mains de 20 personnes différentes.
Pour un béret traditionnel, il faut compter environ 12 heures de travail pour la fabrication.
Pour certains articles de mode ou de haute couture, la confection sur mesure peut aller jusqu'à 15 heures de travail.

Le saviez-vous ?

La finesse d'un fil de laine se mesure au nombre de kilomètres sur lequel va s'étirer une bobine de 1 kg.
Un fil de 7.8 est un fil s'étirant sur 7,8 kilomètres pour une bobine de 1 kg.
Il faut environ 700 m de fil de laine pour fabriquer un béret basque.
La laine utilisée pour la fabrication des bérets est une laine cardée, au contraire d'une laine peignée.
L'origine du mot cardage vient de chardon (cardus en latin), car autrefois la laine était grattée à l'aide de têtes de chardons.

*La fabrication
d'un béret
c'est au total
seize étapes
au cours desquelles le
béret passe dans les
mains de vingt
personnes différentes.*

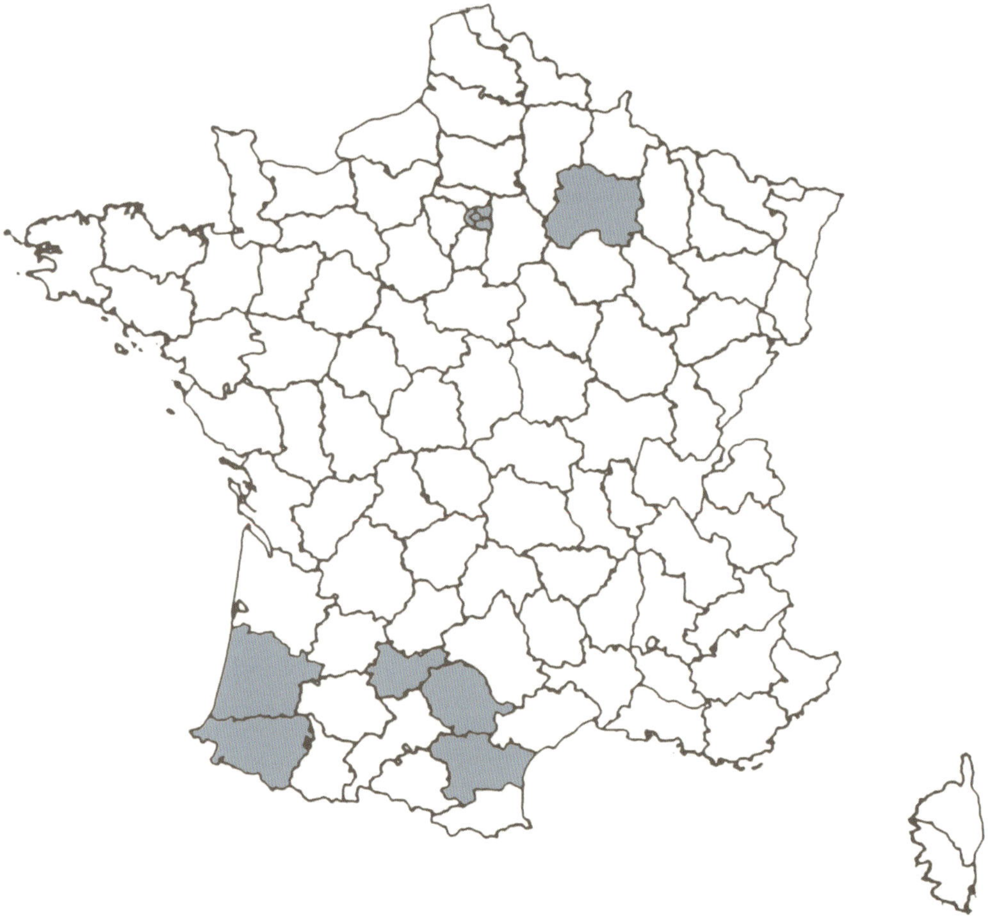

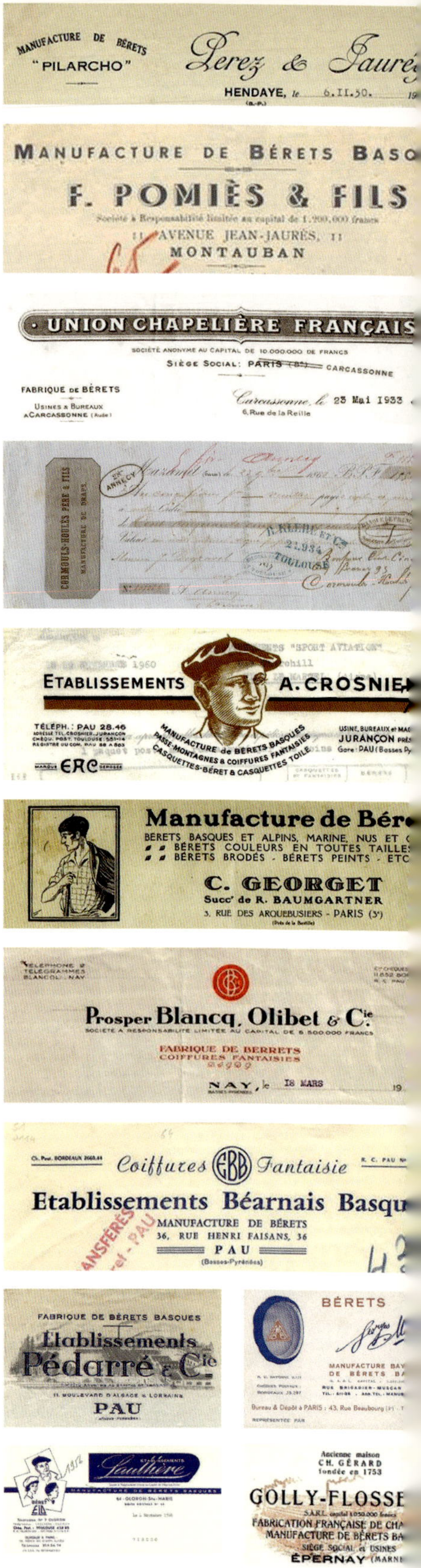

Les fabriques historiques de bérets basques.

Dans l'histoire des fabriques de bérets basques, des pionniers qui ouvrent la voie à la fin du XVIIIe siècle, des fabricants qui emboîtent le pas au milieu du XIXe et d'autres qui suivent plus tard, au début du XXe siècle, pour participer à l'envolée du marché. La plupart des fabriques de bérets se trouveront dans le Sud-Ouest (Pyrénées-Atlantiques et Tarn essentiellement) et proches de centres ayant une tradition textile ancienne. Mais ici et là, dans la Marne, dans les Vosges, à Paris, en Picardie, des chapelleries se lanceront également dans l'aventure du béret, bien qu'éloignées de l'élan basco-béarnais.

Dans cette aventure du béret, Laulhère ne veut pas oublier ce qu'elle doit aux pionniers, à ceux qui ont ouvert la voie et en particulier, pour Oloron, aux fabriques Barraban, Tournaben et Mondine.

L'envolée du béret et des fabriques

Dans toute aventure, il y a les **pionniers**, ceux qui défrichent et préparent le terrain.
Ces précurseurs sont précieux car ils lancent une dynamique, parfois sous la pression des événements.
En 1779, le roi d'Espagne – pour favoriser sa nouvelle fabrique de bas située à Burgos – interdit l'importation de bas français, au grand dam des fabricants béarnais. Oloron sera particulièrement touché par cette mesure protectionniste car la ville produisait beaucoup pour ce marché espagnol.
Alors il faut aller de l'avant et nos pionniers vont **trouver de nouvelles opportunités** : ceintures de Béarn, couvertures en laine du pays, espadrilles et bien sûr le béret, qui va passer la vitesse supérieure.
À Oloron, ces pionniers seront les Barraban (en 1792), les Tournaben (en 1800), les Mondine (en 1806), les Capdevielle ou les Malagnacq qui, déjà présents sur les bas de laine, vont les premiers se diversifier vers le béret basque.
À leur contact, d'autres vont apprendre le métier et se lancer à leur tour.
C'est le cas de la maison Laulhère, qui produisait des bas en laine dès 1792 et qui – à partir de 1840 – va fabriquer des bérets. Elle est initiée à cet art par un pionnier – Pierre Tournaben –, qui enseigne à son gendre Lucien Laulhère l'art de la confection.
Au cours de ce XIXe siècle, c'est l'accroissement de l'exode rural vers les villes et, dans ce mouvement, le béret – au départ apanage du monde rural – se transmet au monde ouvrier qui l'adopte, car il est pratique.
C'est aussi l'époque des vagues d'émigration basco-béarnaise vers les Amériques, qui ouvre un nouveau marché.
La deuxième moitié du XIXe siècle et le début du XXe voient donc l'envolée du béret et le développement de nombreuses fabriques de bérets basques.
La plupart sont bien sûr concentrées dans le Sud-Ouest, car le berceau historique du béret reste le Béarn et le Pays basque avec cette forte participation des Basques pour en assurer la renommée.
Mais on trouve également des manufactures de bérets basques disséminées çà et là, dans les Vosges, en Picardie, dans la Marne, à Paris, dans l'Aude à Carcassonne, à Montauban et, plus nombreuses, dans le Tarn (Mazamet).
Certaines sont des chapelleries saisissant une opportunité de vente, d'autres sont des établissements qui vont s'inscrire dans la durée.
Mais les seules fabriques qui vont résister durablement sont celles du Sud-Ouest, celles pour qui le béret est beaucoup plus qu'un simple article de chapellerie.
Parallèlement, à partir de 1880, l'espadrille connaît un succès identique à celui du béret et pour des raisons d'ailleurs similaires : produit léger, souple, agréable, respirant, bon marché, adopté par les mineurs du nord de la France.
Et là encore le Sud-Ouest est aux avant-postes pour la fabrication : Mauléon, Oloron, Salies-de-Béarn, Bayonne, Pau, Bruges : autant de villes qui seront des grands centres de l'espadrille.

Les fabriques de bérets à Oloron en 1960.

Des éléments géographiques, historiques, économiques, politiques ont convergé dans l'histoire pour faire d'Oloron la ville du négoce de la laine mérinos espagnole. C'est sur cette assise ancestrale que se développent les fabriques de bérets oloronaises et, dès l'origine, Oloron est la ville qui en compte le plus.

En 1960, Oloron compte encore huit fabriques de bérets sur les vingt-trois répertoriées en France.

Oloron-Sainte-Marie, capitale du béret basque

Tout concourait à faire d'Oloron-Sainte-Marie la capitale incontestée du béret basque.

Sa situation géographique exceptionnelle, entre piémont pyrénéen et zone de montagne, les trois vallées d'Aspe, d'Ossau et d'Oloron en faisant un axe naturel de circulation.

La présence du col du Somport, col frontière le plus bas des Pyrénées centrales qui en fait dans l'Histoire ce grand lieu de passages, passages à l'origine des transmissions de savoirs que l'on va retrouver au cœur de la confection du béret.

La proximité avec l'Espagne qui fait d'Oloron, très tôt, un carrefour d'échanges de produits avec cette belle place de la laine mérinos, matière noble par excellence. Les liens très forts tissés avec l'Aragon, qui ont un rôle essentiel pour expliquer l'essor du négoce de la laine, celui des étoffes puis le développement des fabriques textiles à Oloron.

Enfin, **la présence d'une eau limpide et abondante** qui a servi à faire la renommée de la laine traitée à Oloron.

Tout cela réuni explique la réputation et la suprématie du béret « fait à Oloron » et le nombre inégalé de fabriques de bérets que l'on va y trouver.

C'est ainsi qu'en 1960 la France compte encore vingt-trois fabriques de bérets, dont quinze se trouvent dans le Béarn et huit à Oloron : les établissements Barraban, Beighau, Carçabal, Dupeyrou, Faure, Lartigue, Laulhère et Mondine.

À Nay, on compte alors cinq usines, dont les établissements Blanc-Olibet, Blancq-Janquet et Pédarré.

Ailleurs dans le Béarn, il reste à cette date la fabrique Crosnier à Jurançon et la fabrique Textile Basco-Béarnais à Arthez d'Asson.

Et à cette époque résistent encore en France cinq fabriques dans le Tarn, une dans l'Aude – à Carcassonne – et deux dans les Vosges.

De toutes ces fabriques historiques ayant une longue tradition derrière elle, Laulhère est le dernier représentant. Beaucoup de frères d'armes sont donc tombés autour de nous.

Chute des ventes liée aux nouveaux goûts vestimentaires, problèmes de succession, concurrence des fabrications étrangères, coût de la modernisation des établissements, difficultés de gestion ou de financement.

Autant de raisons expliquant que nous sommes les derniers en lice.

Et pour sauvegarder certaines marques historiques, Laulhère a racheté le fonds de la fabrique Beighau (Oloron) en 1996 (marques Arnaga, Berria, Etchéa, Haritza, Pédrito, Rafale, etc.) et le fonds de la fabrique Blancq-Olibet (Nay) en 2014 (marques Pebeo et Bakarra).

Bien sûr, nous nous félicitons de l'apparition de nouveaux venus, petits ateliers qui aident à mieux faire connaître le béret basque et participent à son renouveau à nos côtés.

C'est en tout cas avec honneur et responsabilité que nous portons la mission de faire vivre le béret basque dans le respect de l'esprit qui a toujours été le sien.

Esprit fait de tradition, de gestes ancestraux, d'attachement à la noblesse des produits et de cette liberté et de cet élan qui en sont la signature profonde.

Histoire du béret

1. Paul Cézanne
2. Camille Pissaro
3. Auguste Renoir
4. Claude Monet
5. Van Gogh

Vision d'artistes autour du béret

Qui mieux que les artistes ont su mettre en valeur les différentes fonctions du béret ?
Dès le XIIIe siècle sa fonction utilitaire de couvre-chef apparaît dans la sculpture du portail de l'église de Bellocq (Béarn).
Cette fonction se retrouve dans les santourets, personnages de bois sculpté de l'église Ste Marie d'Oloron qui sont au Béarn ce que les santons sont à la Provence.
L'usage vestimentaire se retrouve également dans de nombreuses peintures : celles du XVe comme Le Pérugin, élève de Verrochio et maître de Raphaël, ou celles du XVIe comme Giovanni Bellini.
Il y apparaît qu'à cette époque le béret n'est pas seulement basque mais est largement répandu en Europe en y prenant différentes formes et couleurs selon les pays.
Il inspire beaucoup Rembrandt : pas un auto-portait de lui qui ne porte le béret.
Dans ces différentes œuvres, plus qu'un simple couvre-chef le béret apporte une touche de couleur dans la composition. Il est ce point de convergence qui participe à l'équilibre du tableau.
Il donne un style, pose une attitude.
Et chez les impressionnistes, le béret aura une place bien à lui. Cézanne, Monet, Pissaro, Renoir, Van Gogh : à chacun son béret, tâche de couleur qui apporte une énergie, forme venant amener du mouvement à l'impression d'ensemble.

Avec Picasso, remarquons que les portraits de « femme au béret » ne manquent pas. Comme un objet symbolique qui vient donner du lien et restructurer le tout.
Chez Modigliani, chez Charles Milcendeau, chez Jacques-Emile Blanche, **le béret comme apport de couleur, comme touche originale et élément de personnalité.**
Chez Lionel Floch, le béret à la fois comme point commun et point de différenciation.
On le voit : le béret est largement présent dans la peinture.
Mais il ne s'en tient pas là.
Il inspire également la musique : par exemple les chansons de Lucien Boyer et les airs de piano d'Henri Perry.
Il fait les titres des films d'action.
Il nourrit les publicitaires et les affiches.
Au travers de ces œuvres diversifiées, les artistes font ressortir cette fonction universelle du béret que nous avons déjà évoquée.
Au-delà du temps, des modes vestimentaires le béret est bien cet objet indémodable capable de relier des époques différentes.

Elle est bien là
la magie du béret basque :
bien plus qu'un simple article coiffant,
le béret est cet objet intemporel
qui ne vieillit pas.

1

2

Vision d'artistes

Du XIIIe au XXIe siècle,
par sa forme
qui est restée sensiblement la même,
le béret souligne la continuité de
l'aventure humaine.

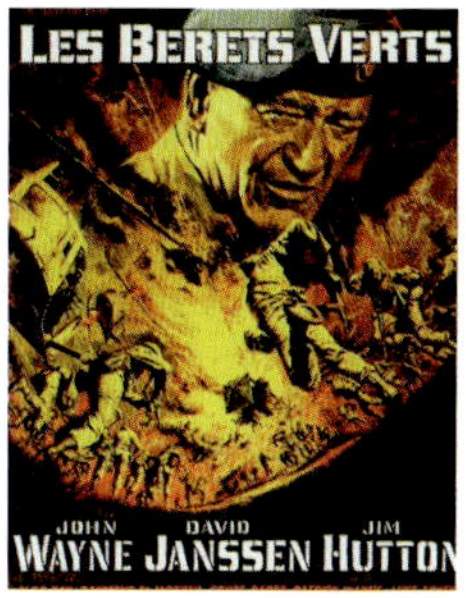

1. Charles Milcendeau

2. Modigliani

3. Jacques-Emile Blanche

4. Ramiro Arrue
« Dantzaris, Musiciens et Fondango »

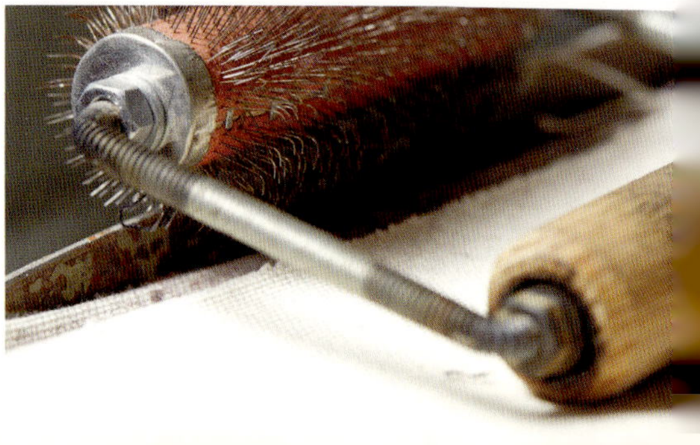

Laulhère, images insolites

Dans la fabrication du béret Laulhère, une part de mystère.

Pour assurer au béret toutes ses qualités faites de douceur, légèreté, souplesse, solidité, profondeur et tenue des couleurs, respiration de la matière, imperméabilité à la pluie, une sorte d'alchimie.

Des recettes empiriques qui se sont transmises de génération en génération.

Des outillages réalisés en interne et capables de rester au plus près de gestes manuels.

Des réglages particuliers pour respecter la noblesse des matières.

Un sens du détail, des outils façonnés sur place, des astuces de fabrication.

Des conseils qui se transmettent oralement au sein des équipes.

Sans nier la part des procédés mécaniques - incontournable pour produire en quantité suffisante - la place de l'humain est restée prépondérante pour atteindre le niveau de qualité requis.

Chez Laulhère, la fabrication d'un béret reste ce travail qui fait appel à mille petits gestes, fruits de l'histoire, de l'expérience et de l'observation.

Et sans cesse il faut ajuster, régler, adapter, caler, calibrer, accorder.

Comme un instrument de musique ancien dont on veut obtenir le meilleur son.

C'est pourquoi la confection d'un béret fait à Oloron Ste Marie reste beaucoup plus qu'une simple succession d'étapes.

Part de mystère autour de la fabrication du béret que l'on peut traduire par ces images insolites.

Sans cesse
il faut ajuster, régler,
adapter, caler,
calibrer, accorder
comme un
instrument ancien
dont on veut obtenir
le meilleur son.

Le béret en vedette

LA DÉPECHE DU MIDI : « Pont-du-Casse célèbre le béret. »
LE PARISIEN : « Le béret, çà se lance. »
LA RÉPUBLIQUE DES PYRÉNÉES :« Lancer de béret : le record à battre est de 35,20 mètres. »

Le béret, emblème national

GÉO :« Le béret, objet de culte. »
PYRÉNÉES MAGAZINE :« Le béret, emblème pyrénéen. »
SUD OUEST:« Les commandos coiffent leur béret vert. »

Du côté des fabricants

SUD OUEST :« Laulhère a racheté l'activité bérets de Blancq-Olibet. »
LA RÉPUBLIQUE DES PYRÉNÉES :« Bérets : Nay et Oloron s'unissent. »
L'ÉCLAIR:« Le mariage de raison des bérets béarnais. »

La presse internationale s'empare du béret

NEGOCIOS :« Ultima fabricante de boinas en Francia lucha por su supervivencia.»
THE INDEPENDENT :« France's last beret-maker fights for heads and hearts. »
CHICAGO TRIBUNE :« Last french beret maker fighting for survival. »

Dernier fabricant historique

LE FIGARO : « Laulhère devient le seul producteur de bérets en France. »
LA RÉPUBLIQUE DES PYRÉNÉES : « La guerre du « béret français » relancé entre Laàs et Oloron. »
L'EXPRESS :« Laulhère rachète l'activité béret de Blancq-Olibet. »

Le béret Laulhère

GALA :« Antoine de Caunes : « Libérez les bérets ». »
LA RÉPUBLIQUE DES PYRÉNÉES :« Antoine de Caunes offre un coup de pub inespéré au béret d'Oloron. »
FRANCE 3 AQUITAINE :« L'entreprise oloronaise a des ambitions pour ce couvre-chef mythique. »

Le béret fait la mode

METIERS D'ART :« Bérets Laulhère : dans le Béarn, la fabrique d'un symbole national. »
LES ECHOS :« Laulhère modernise le béret. »
L'HOMME DELUXE :« Béret chic se dit Laulhère. »

Le béret tendance

TOP PARENT :« Le béret Laulhère 100% made in France. »
DIRECT MATIN :« La maison Laulhère a mis tout son savoir-faire dans La Parisienne. »
SUD OUEST :« Laulhère présent au salon Made in France Expo. »

LE BÉRET
EMBLÈME PYRÉNÉEN
Aux origines du béret, des bergers de la vallée d'Aspe, au cœur du

L'ÉCLAI
MERCREDI 12 FÉVRIER 2014 – N°21035
PYRÉNÉES PRESSE
Le mariage de raison des bérets béarnais
ENTREPRISES La société Laulhère, d'Oloron, a signé le rachat de l'activité bérets de B
Olibet, son concurrent de Baudreix. Dix salariés de la plaine rejoindront le piémont.

Antoine de Caunes offre un coup de pub inespéré au béret d'Oloron
Publié le 27/02/2014 à 17h57
Mise à jour : 28/02/2014 à 07h10

Antoine De Caunes et Jean-Michel Aphatie coiffés du béret d'Oloron. (Canal

Le béret fait la une

Il suffit de lire la presse et les unes de couverture pour se convaincre que le béret est cet objet sacrément emblématique.

Intérêt, curiosité, attachement sont toujours au rendez-vous pour traiter de ce couvre-chef indémodable.

Et là encore le béret sait bondir d'un média à l'autre sans se laisser enfermer dans une rubrique particulière. Toujours ce besoin de rebondir.

Au plan local et régional, il reste ce sujet identitaire susceptible de déchaîner les passions.

Pas un mouvement, pas un battement de cil du béret qui n'échappent à nos journalistes.

Alors avant d'écrire qu'Oloron est la capitale du béret basque, mieux vaut accumuler des preuves irréfutables...

En parcourant cette presse, vous saurez tout sur les records de lancer de béret, la fabrication à l'ancienne, les salons où le béret s'expose, pourquoi il est objet de culte, comment les Gascons le portent.

Vous suivrez pas à pas les évolutions des fabriques de béret, le rachat par Laulhère de l'activité de Blancq-Olibet, les petites escarmouches locales sur la notion de « fabrique historique » ou de « béret français ».

Vous connaîtrez l'existence du musée du béret, celle des cérémonies de remise du béret commando dans l'armée.

Mais le béret est aussi un sujet qui s'exporte : The Independant, Der Spiegel, Chicago Tribune et d'autres, autant de médias étrangers qui couvrent l'actualité du béret.

Et au plan national, il n'est jamais de reste.

Que ce soit la mode, le made in France, les métiers d'art, les tendances, les traditions, la presse people, les créations : autant d'univers et de médias avec lesquels le béret est à l'aise.

La diversité des articles et des sujets abordés démontre une nouvelle fois son statut universel.

Récemment, dans son n° 262, la revue Métiers d'Art titrait « Bérets Laulhère : dans le Béarn, la fabrique d'un symbole national ».

Et la République des Pyrénées titrait dans son numéro de juillet 2014 : « Denis Guedon, l'artisan du béret made in Oloron ».

Fabrique historique d'un côté, atelier artisanal de l'autre : en termes de béret basque, tout se passe effectivement à Oloron quand on parle de fabrication française réalisant le béret de A à Z, y compris la teinte.

Je porte un béret Laulhère

Essayons de définir en quelques mots le béret Laulhère. Le béret Laulhère c'est d'abord un **couvre-chef de qualité**, entièrement réalisé en France et selon des techniques traditionnelles issues d'une longue histoire locale.
À l'heure où beaucoup de marques capitalisent sur la réputation de leur nom mais sous-traitent en dehors de l'Hexagone, nous sommes fiers de maintenir nos traditions et de perpétuer à Oloron-Sainte-Marie des gestes, des techniques et des savoirs qui se sont transmis et améliorés de génération en génération.
Un béret Laulhère, c'est un **article authentique**.
Authentique au sens de : utilisation de matières nobles et naturelles.
Authentique au sens de : fabriqué dans son écrin originel que sont les Pyrénées.
Authentique au sens de : respectant l'esprit véritable du béret, fait d'élan et de liberté.
Un béret Laulhère, c'est un couvre-chef qui veut échapper aux conventions étroites, aux enfermements et **qui exprime l'audace**.
Audace au sens de : aller de l'avant, prendre des risques.
Audace au sens de : oser son style à soi, avoir sa touche personnelle.
C'est le message largement relayé par le béret basque dans son histoire et qui en a fait cette figure universelle d'une manière d'être.
Le béret Laulhère, c'est un **accessoire de mode** qui exprime un style personnel, une touche d'originalité et qui se porte avec coquetterie ou bien, au gré, avec un brin d'effronterie.
Le béret Laulhère, c'est cet article coiffant capable de représenter le chic à la française, **fait d'élégance et de sobriété**.
En ayant la chance de travailler avec des maisons de haute couture, nous voyons nos produits mis en valeur dans des défilés de mode prestigieux. Et c'est une fierté pour nous que le béret d'Oloron soit associé à ces projets artistiques mettant pleinement en valeur le savoir-faire à la française.
Le béret Laulhère, c'est un béret porté dans des moments **de partage et de convivialité**.
Au festival d'Oloron, aux fêtes de Bayonne, aux courses landaises, à la chasse à la palombe, au match de rugby, au championnat de Moncrabeau, il est associé aux retrouvailles et à la joie de partager des valeurs communes.
Dans tous les cas, un béret Laulhère restera cet objet naturel et pratique, noble et authentique, chic et sobre.
En laine fine mérinos, il est léger, imperméable et respirant.
Il vous protégera la tête du soleil et des intempéries.
Souple, vous pouvez le plier facilement dans la poche ou dans le sac.

Dans tous les cas, adopter le béret, c'est rentrer dans un univers.

Univers à plusieurs facettes dont vous choisissez le style et le message.
Décliné en plusieurs modèles et en plusieurs couleurs, le béret vous donne le look que vous choisissez, selon l'humeur du jour : traditionnel ou décalé, classique ou rebelle, chic ou désinvolte, élégant ou effronté. C'est selon.

Porter un béret Laulhère

Le look que vous choisissez selon l'humeur du jour.
Traditionnel ou décalé, classique ou rebelle, chic ou désinvolte, élégant ou effronté.

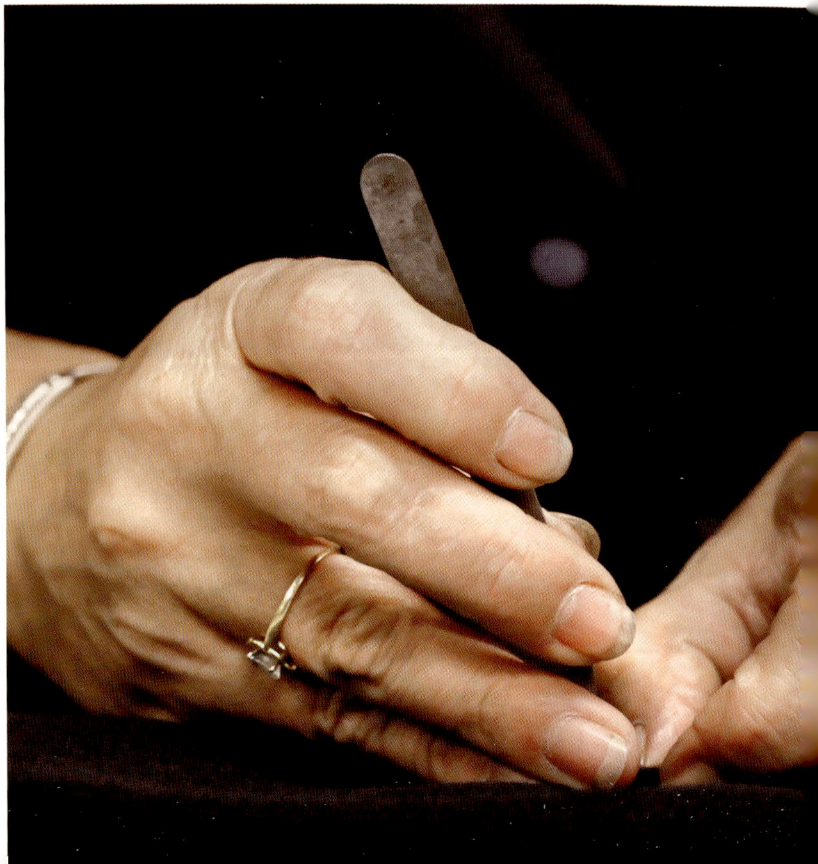

Le béret, un produit noble

Ce chapitre s'adresse aux amoureux des produits nobles et bien faits.
La France a cette chance de posséder de nombreuses fabriques et des métiers d'art puisant leurs racines dans une longue histoire.
Et c'est au cours de cette histoire faite de transmission de savoirs, d'innovation et d'améliorations qu'ont été sélectionnés les gestes et les pratiques garantissant le meilleur que l'on puisse obtenir d'un produit.
À ce titre, la noblesse du béret fait à Oloron commence par celle des matières utilisées.
Et en premier lieu la laine fine mérinos, rigoureusement sélectionnée.
C'est la finesse de ses fibres qui va assurer au béret des propriétés remarquables : légèreté allant de pair avec des qualités respirantes, homogénéité et douceur du feutrage, capacité à tenir la teinte et tenue des couleurs.
Mais la qualité des matières n'est qu'un premier pas.
La démarche se poursuit avec le soin apporté à chaque étape de la fabrication.
Bien loin d'une logique productiviste, la qualité assurée passe par de nombreux gestes manuels au cours desquels chaque béret est manipulé, vérifié, repris, affiné.
C'est ce **sens du détail**, cet amour du travail bien fait qui fait l'intérêt et la réputation des métiers comme celui de Laulhère.
Et la notion d'ajustement manuel va se retrouver tout au long des procédés.
Car la fabrication d'un béret n'est pas une science exacte et fait appel à de nombreux facteurs empiriques.
Ils ont toute leur importance quand il s'agit d'obtenir un feutrage irréprochable, une tonte parfaite ou un rendu fin des couleurs.
Enfin, la noblesse du produit va de pair avec la notion d'intégralité du processus.
Au sens de : assurer toutes les étapes de fabrication et ne pas se limiter à une partie seulement de la confection.
Car le béret est un tout et la maîtrise du produit final, de son rendu, de sa tenue, de sa solidité, de sa légèreté, de sa couleur exige d'avoir la main sur l'ensemble du procédé.
Sens de l'observation, expérience, réglage subtil et empirique : **l'humain, l'attention, le soin, le sens du détail restent au cœur des méthodes de travail de Laulhère.**
C'est dans ce sens que le terme d'usine n'est pas adapté à son mode de fonctionnement et que Laulhère se revendique avant tout comme une fabrique où les gestes manuels gardent cette place prépondérante.

Le béret, un produit noble

Tout au long de sa fabrication, le béret passe de main en main et fait l'objet de soins attentifs.
Beaucoup d'étapes manuelles pour faire du béret un produit noble et un objet que l'on est fier de posséder.

La noblesse du béret est faite de la qualité des matières utilisées et du soin apporté à chaque étape de la fabrication.

Variations autour du béret

Au gré du temps, le béret Laulhère évolue.
Nous savons que ce beau diable veut être en mouvement et qu'il ne faut jamais le contenir ou l'enfermer.
Il prend l'air frais avec les nouveautés.
Il change de chemin avec les évolutions.
Il suit sa route avec les intemporels.
Le site Internet de Laulhère vous permettra de découvrir les collections du moment.
Soulignons ici que le béret se décline de multiples façons.
Palette de formes, palette de couleurs, palette de looks.
Béret homme, béret femme, béret enfant, béret militaire : à chacun son béret et au sein de chaque gamme, différents modèles capables de couvrir différents besoins, différentes touches.
Ceux qui veulent l'authentique béret basque, le béret qui s'inscrit dans un long lignage.
Ceux qui veulent le béret de la fête et des couleurs.
Ceux qui veulent le béret commando, celui du risque et de l'audace.
Ceux qui veulent le béret des troupes d'élite.
Ceux qui veulent le béret-casquette, porté aux quatre coins de la planète.
Celles qui veulent le béret mode ou le béret chic.
Celles qui veulent la touche originale.
Celles qui veulent le look intemporel ou le look du moment.
Celles qui veulent la cloche angora.
Des déclinaisons nombreuses mais qui se feront toutes avec ce point commun : le respect de l'élan, de l'indépendance, de la liberté que le béret basque a toujours su incarner.

Le béret n'a pas fini de nous étonner

Ce qui reste marquant dans l'histoire du béret basque, c'est cette incroyable faculté à traverser les ans et à survivre aux crises profondes qui sont venues le percuter. Guerres, disettes, épidémles, crises textiles, débâcles économiques, caprices de la mode : rien n'a pu venir à bout de ce couvre-chef inclassable qui, inexorablement, sait s'y prendre pour rebondir.

Quel est le secret de cette incroyable longévité et de cet élan que rien n'arrête ?

Il ressort que cette **capacité à aller de l'avant**, on la doit d'abord à la passion d'un métier.

C'est grâce à cette passion que se transmettent les gestes, les savoir-faire, les connaissances.

C'est grâce à cette passion que les obstacles sont surmontés et que de nouvelles pistes sont trouvées, permettant à l'aventure de continuer.

Et à la base de cette aventure, une mosaïque de mains, toutes les mains qui s'activent chez Laulhère pour « sortir » les bérets.

Chacune a son rôle et contribue à l'édifice d'ensemble.

Mais l'attachement aux racines et le respect de tout ce qui a été transmis n'est pas suffisant pour rendre un patrimoine vivant.

Encore faut-il faire preuve d'imagination, de créativité, d'innovation, et c'est ce défi que relève Laulhère depuis 1790.

Plus de deux cents ans où, à certains moments, il a fallu quitter les sentiers battus, où il a fallu trouver des parades, où il a fallu imaginer de nouveaux débouchés, où il a fallu inventer et mettre au point de nouveaux procédés, où il a fallu prendre des risques, expérimenter de nouveaux produits.

C'est certainement cette capacité à se remettre en cause et à innover qui explique que Laulhère soit aujourd'hui le dernier fabricant historique de béret français.

Mais ce défi n'a pas été relevé seul.

Il y avait d'abord ce contexte très particulier des fabriques textiles oloronaises. Un contexte étonnamment ouvert sur l'extérieur et particulièrement favorable à l'échange de connaissances.

Et Laulhère veut se rappeler de toute l'histoire d'Oloron-Sainte-Marie et garder la mémoire de toutes ces fabriques aujourd'hui disparues qui ont été la force de toute une région.

Enfin, il faut également se souvenir de l'histoire du Béarn, cette terre de liberté et de souveraineté qui, parfois de manière spectaculaire, s'est efforcée de toujours soutenir l'activité, le négoce, l'artisanat.

L'histoire du béret basque aurait certainement été tout autre sans ce bel écrin du Béarn qui lui a insufflé une belle dynamique.

Au final apparaît ce paradoxe que se pencher sur l'histoire du béret basque n'est pas se pencher en arrière. En observant plus finement le passé du béret, on peut réaliser pourquoi ce couvre-chef est devenu ce symbole universel indémodable, un symbole qui nous pousse à toujours être en mouvement et à tracer notre chemin.

Le béret basque est bien vivant et n'a pas fini de nous étonner !

Le tour de force du béret.

Objet du passé qui reste tendance, accessoire de mode qui ne se démode pas, couvre-chef porté aussi bien par le quidam que par les stars. Élément d'uniforme qui sait échapper au règlement étroit. Signe d'appartenance mais aussi d'indépendance, marqueur d'un pays mais aussi symbole universel. Article qui dit la tradition mais aussi la remise en cause et même la contestation. **Profondément libre, un patrimoine résolument vivant**.

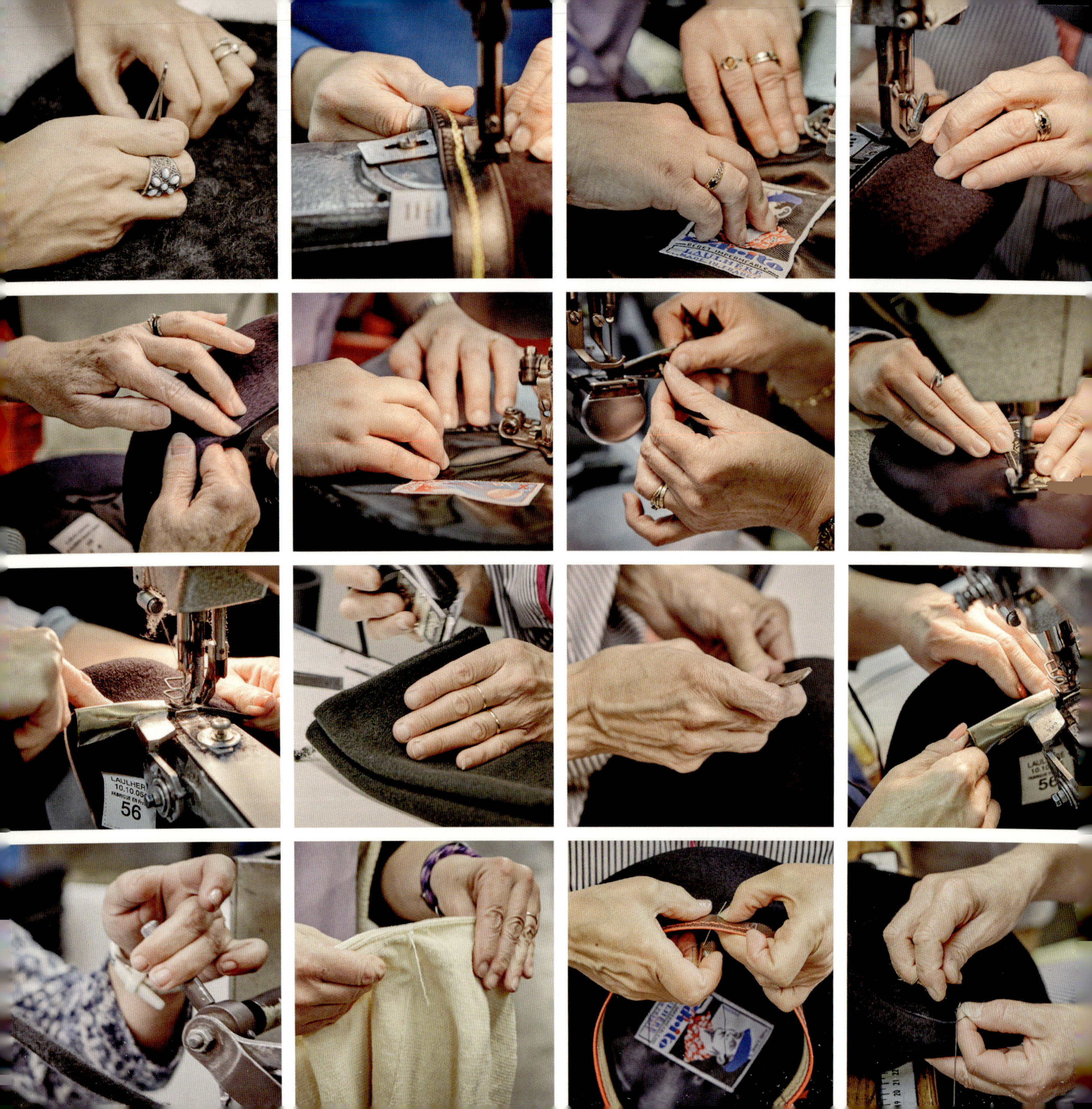
56

Laulhère,
entreprise du patrimoine vivant

Au travers de ce livre, nous avons voulu montrer que s'enraciner dans l'histoire ne signifie aucunement être figé.
Si le béret basque est incontestablement un élément du patrimoine français, pour autant il veut continuer à vivre, à bouger, à remuer comme il l'a toujours fait.
Objet simple et facilement identifiable, il est devenu cette figure emblématique d'un pays.
Une figure qui peut renvoyer aussi bien aux traditions qu'au chic à la française, selon par qui il est porté.
Mais le béret a également réussi un véritable tour de force : celui de devenir un symbole universel qui sait dépasser les frontières régionales et nationales pour embrasser des horizons plus lointains.
Et ce symbole universel incarne une manière d'être faite d'indépendance et de liberté, que l'on habite à Paris, à New York, à Londres ou à Tokyo.
Rares sont les objets aussi simples bénéficiant de cette force d'évocation.
Ce tour de force apparaît nettement quand on relit l'histoire du béret avec des lunettes d'aventurier.
Histoire aussi mouvementée que les eaux vives d'un torrent.
Vivifié par l'air pur des Pyrénées, notre béret part à l'aventure et, dès ses origines, est du côté des bergers, des marchands ambulants, des entrepreneurs, des voyageurs, des émigrants.
En clair de tous ceux qui bougent et vont de l'avant, sachant souvent faire preuve d'audace, voire de témérité.
Et pour ceux-là, l'immobilisme n'existe pas : les crises sont à surmonter, les obstacles à contourner, les chemins à inventer.
C'est ce message dynamisant qui est profondément ancré dans l'ADN du béret basque et qui en a fait ce couvre-chef si particulier.
Une dynamique qui n'écarte pas le passé mais en fait un point d'appui pour se projeter plus loin.
Une dynamique à la fois respectueuse de tout ce qui a précédé et suffisamment audacieuse pour tenter de nouvelles pistes.
Une dynamique où les éléments d'héritage, de patrimoine sont constamment vivifiés par la nouveauté, la marche en avant.
C'est de ce véritable élan que le béret est porteur et c'est ce message que nous avons voulu restituer.
Et c'est tout le sens que nous donnons à « patrimoine vivant » :
non un patrimoine vestige d'une époque révolue, cloîtrée dans un musée, mais un patrimoine qui respire et qui évolue.

Puisse le béret basque continuer à nous étonner et réussir son renouveau.

Longue vie au béret !

Remerciements

Pour réaliser cet ouvrage, il s'est révélé nécessaire de reconstituer l'histoire de Laulhère, les archives de l'entreprise étant réduites à leur plus simple expression pour différentes raisons.
Au nom de Cargo et de Laulhère, je tiens à remercier tous ceux qui ont accepté de me rencontrer, de répondre à mes questions, de me fournir des documents, des photos, de fouiller dans leur mémoire, dans leurs archives personnelles ou dans leur grenier.
Je pense en particulier à la famille de Boisséson et particulièrement à Sophie de Villeneuve, qui m'a communiqué des éléments très intéressants sur la période d'après-guerre, aux anciens dirigeants de Laulhère, aux salariés de Laulhère, à la médiathèque d'Oloron et particulièrement à Mme Goyhetche, au personnel des archives communales d'Oloron-Sainte-Marie, au personnel des Archives Départementales de Pau, à la Mairie d'Oloron, au service patrimoine de la ville d'Oloron-Sainte-Marie et particulièrement à Mme Virginie Arruebo, au service patrimoine de la Communauté de Communes du Piémont Oloronais, aux historiens locaux et aux associations engagées dans la valorisation du patrimoine, à Nadège Julio du Musée du béret de Nay, à la Maison Carrée de Nay, à Malika Boudellal qui a pu compléter utilement certaines de mes sources.
Je remercie également la dirigeante de Laulhère, Rosabelle Forzy, de m'avoir détaché à plein temps sur une mission éloignée des préoccupations quotidiennes de l'entreprise.
Accepter de se lancer dans cet ouvrage à connotation historique était pour elle le meilleur moyen de rendre hommage à la vitalité du Béarn, à Oloron-Sainte-Marie, au béret basque et à son renouveau.

Jean-Pascal Chabaud

Bibliographie

Documents consultés à la médiathèque d'Oloron-Sainte-Marie :

« Atlas Historique des villes de France. Oloron-Sainte-Marie » par J. Dumonteil (2003).
« Richesse du Béarn et du pays de Soule » Delmas (1949).
« L'Industrie textile à Oloron-Sainte-Marie. Transformations et adaptations 1968-1978 » par J. Robert Virgile (1978).
« Oloron-Sainte-Marie. Étude de géographie urbaine » par A. Boutkévitch (1951).
« En route vers les marchés et les foires du vieil Oloron » par J.B. Laborde. (ref. L944 01 LAB).
« Foires et marchés à Oloron » par J. Dumonteil.
Revue « Lou Felibre d'Aülourou ». Mars 1924. (ref. 944.71 BEA OLO).
« La vie municipale à Oloron de 1700 à 1714 ». (ref. 944.71 BEA OLO).

Documents consultés aux Archives départementales de Pau (ADP) :

« Mémoire des négociants d'Oloron sur le commerce avec l'Espagne du 26 avril 1788 » ADP (ref. BIP B8 1973).
« Industrie de la toile à Pau et en Béarn » par G. Anthony (1961). ADP (ref. BIB U521).
« Dominique Fourcade, négociant oloronais 1785-1838 » par P. Valiergue. AD Pau (ref. BU3500).
« Congrès national de la bonneterie française 20/21/22 juin 1963 » ADP (ref. U6283).
« Quand les industries dispersées du Sud coiffaient le monde » de J.M. Olivier. ADP (ref. P29/2005).
« État des usines et prises d'eau » ADP (ref. 7S119).
« Travaux sur les barrages » ADP (ref. 7S52).
« Le glaneur d'Oloron » ADP microfilms (ref. 1MI44 bob1).
Dictionnaire bibliographique et album des Basses-Pyrénées » (1906) ADP (ref. BIB U1351, U3179).

Documents consultés aux Archives communales d'Oloron-Sainte-Marie :

« Enquête sur les fabriques d'Oloron et de la région » (ref. 3F1(1)).
« Registre pour exercer une profession à Oloron » (ref. 21F1(1)).
« Usines et moulins » (1907) (ref. 170C1).
« Documents sur métiers à bas et moulins » (1779, 1784 et 1785) (ref. 5HH1).
« Documents 1817 – recensement de la population » (ref. 2F1(3)).
« Registre des mutations de propriétés à Oloron » (ref. 2G1/2G2/2G3).
« Classement parcellaire » (ref. 2G1(1)).
« Index de la matrice cadastrale » 1860-1880 (ref. 2G3(1)).
« Cadastre propriétés bâties et non bâties » folios 539 à 1040, 664, 983 et 542.

Documents consultés sur le site de la BNF (Bibliothèque Nationale de France) :

« Dictionnaire du Commerce Didot-Pottin » (1820).
« Indicateur Universel du Commerce, des tissus en général » par Jules Benoit (1870).
« Almanach du Commerce de Paris, des départements de l'Empire français » (1813).
Journal Officiel 1894.
Touring Club de France 1891.
« Traité sur les bêtes à laine d'Espagne » par Ch. Philibert de Lasteyric du Saillant (1798).
« Introduction du machinisme dans l'industrie française » par Charles Ballot (vers 1890).
« La corporation des bonnetiers » par Arthur Bazin (1900).
« Dictionnaire Encyclopédique » par Ph. Le Bas (1843).
« Manuel du bonnetier et du fabricant de bas » par V. Leblanc (1830).

Livres :

« Histoire d'Oloron et de Sainte-Marie » par M. Fabre (2011).
« Histoire du béret » par Ph. Jouvion (1998).
« Oloron sous le Consulat et le Premier Empire » par J. Staes (2003).

Thèses ou Mémoires Universitaires :

Thèse sur le béret de Véronique Girard.
Maîtrise FLE - UV 694 - Université de Pau.
« Fils des Gaves, le patrimoine industriel textile à Oloron-Sainte-Marie »
par S. Casajus (septembre 2007).
Master Professionnel 1 « Valorisation du patrimoine et politiques culturelles territoriales »
Université de Pau, sous la direction de Ch. Lastécouères.
« Étude d'un habitat oloronais pour la valorisation du quartier Sainte-Croix » par E. Gadoud (2007)
MP1, Université de Pau, sous la direction de Mme Cabrero-Ravel.
« La vie industrielle dans les Basses-Pyrénées au milieu du XIXe siècle » par I. Pommel (juin 1974)
TER, faculté de Pau et des Pays de l'Adour sous la direction de M. Papy.
« Projet de création d'un Centre d'Interprétation de l'Architecture et du Patrimoine à Oloron-Sainte-Marie, jeune ville d'art et d'histoire » par V. Arruebo (septembre 2009).
Master Culture et Société, 1re année, sous la direction de M. Dussol.

Articles universitaires ou articles rédigés par des associations :

« Commerce de la laine entre Aragon, Béarn et Laval » par Fr Brumont, Université de Toulouse - Le Mirail.
« Patrimoine industriel dans la vallée de l'Ouzom » dans « Revue d'histoire industrielle des Pyrénées occidentales ».
« De l'artisanat à l'industrie de pointe », exposition Patrimoine organisée à Oloron-Sainte-Marie.

Crédit photo

Pages 1, 55, 91, 96, 98 : © Laulhère (Raise agency-Thomas Badeau)
Pages 2, 4, 6, 8, 20, 22, 32, 38, 42, 44, 45, 66, 72, 74, 84, 90, 92, 96, 100 : © Laulhère
Pages 6 et 20 : © Mairie Oloron-Sainte-Marie
Page 12 : © Brian Hamill
Pages 13 et 30 : © Bibliothèque Municipale de Toulouse
Page 18 : © BNF
Page 66 : Madonna © Fred Duval - salma hayek © Jacopo Raule
Page 68 : John Lennon © Brian Hamill
Page 71 : © Michael Dominic

Graphisme : Cécile Meignant.

Dépôt légal : Juin 2015
Numéro d'édition : 01
ISBN : 9782350683942

Imprimerie ESCOURBIAC- 81 Graulhet.

Entreprise
du Patrimoine
Vivant

L'excellence
des savoir-faire
français

En mai 2013, Laulhère a obtenu le label EPV (Entreprise du Patrimoine Vivant), qui distingue certaines entreprises françaises détenant un savoir-faire rare, circonscrit à un territoire donné, renommé ou ancestral, reposant sur la maîtrise de techniques traditionnelles.

Les figures du guerillero et du contrebandier basques portant le béret.

Pourquoi le béret béarnais est-il dit « basque » ?

Les Basques adoptent vite le béret qui, pratique et coloré, trouve rapidement sa place dans leur vie quotidienne et dans leurs coutumes et danses traditionnelles.

Pendant les différentes guerres carlistes en Espagne au XIXe siècle, les Basques du Labourd – ralliés aux carlistes – portent le béret rouge, qui devient signe d'audace et de bravoure car les Basques se distinguent sur les champs de bataille.

Ce XIXe correspond également à l'essor de la gravure, qui prend sa place dans les ouvrages imprimés.

Par ce biais, les guerilleros et les contrebandiers basques deviennent des figures emblématiques de cette guerre civile. Farouches et intrépides personnages coiffés d'un béret, ils vont – par le pittoresque de leur uniforme ou de leur costume – attirer l'attention d'un public qui a soif d'aventures et de dépaysement.

Toujours est-il que lorsque Napoléon III vient séjourner à Biarritz en 1854, on lui prête d'avoir parlé du béret « basque », terme repris par la presse et les gazettes qui couvrent l'événement.

L'appellation « béret basque » est lancée, même si l'essentiel des fabriques de bérets s'est toujours trouvé dans le Béarn, en particulier à Oloron-Sainte-Marie et à Nay.

PURE LAINE
Bakarra
IMPERMEABLE MADE IN FRANCE